客家語基礎語彙集

温 戴奎 編

東京 大学書林 発行

序　文

　客家語における漢語の発音と意味は普通話と相似あるいは同様のものもあると言われているが，全く異なるものもある。しかも方言語彙は，漢字で書いてもわかりにくいのが殆どである。

　現在，梅県等における言語教育は非常に発展して来ている。語彙も分野・領域によって大幅に増えている。普通話の普及も想像以上に早かった。先輩たちの客家音声の普通話はだんだん消えてしまうだろう。しかし，「文化の郷」における客家語は，あいかわらず，保存され，発展させている。

　方言常用語は，普通話の音声と少し違って，意味は同じといったものはできるだけ避けた。これらは『新華字典』などで調べたらわかるというわけである。

　本書に出たことばの範囲は，1994年広東人民出版社が出版した『梅県志』における次の主な項目を参考にした。

　（一）名詞
　　　　1．称謂　2．動物　3．植物　4．商業　5．農村,
　　　牧畜　6．婚哀喜慶　7．天文時令　8．生活家屋
　　　　9．身体病　10．飲食と器具　11．衣服用具
　（二）動詞
　（三）形容詞
　（四）代名詞
　（五）成語慣用語
　（六）童謡
　（七）山歌
　（八）諺
　（九）歇后語

語彙は客家の家庭，学校，社会で使用していることばから選んだ。

客家各地において，音声の小異と同じように語彙の違いも出ているが，使用すれば通じるのである。

梅県を中心として，客家語の勉強に役立てば幸いに存ずる。

なお，この語彙集を編纂中，D. Maciver M. A 氏の『客英字典』(1926)，謝棟元氏の『客家話北方話対照辞典』(1994)，張維耿氏等の『客家話詞典』(1995) を参考にした。出版する際，大学書林佐藤政人社長の特別なご配慮を賜り，東洋大学講師荒木日呂子さんの校正，文教大学講師・客家研究家大嶋広美さんの日本語語釈ないし客家語彙の訂正，加筆の労に対し併せて深く感謝する次第である。

2009年6月

編　者

目　　次

序文 …………………………………………………………………… i

凡例 …………………………………………………………………… iv

客家語の発音 ………………………………………………………… iv

基礎語彙集 …………………………………………………………… 1

凡　例

1. 配列は普通の横文字，とくに英文のアルファベットの順序によるもの。
2. 母音も a, e, i, o, u の順である。
3. 二重母音のアクセントは，学習者の便宜のために，一部は普通話と同様の方法に従う。例えば，āi, ái, ǎu, àu, bièn, biǎu, gùo, kuān など。
4. 客家語の有音無字（音あり文字なし）は多いが，できる限り漢字化した。できないものは，□ 記号で表記してある。

客家語の発音

母音と子音
声母　韻母

(一) 子音			発音記号		
p	p'	m	b	p	m
f	v		f	w	
t	t'	n	d	t	n
ts	ts'	s	z	c	s
		ɲ (ny)			ny
k	k'	ŋ (ng)	g	k	ng
h			h		
i			i		
y			y		

(二) 母音

ɑ	ɑi	ɑu	ɑm	ɑn	ɑŋ	ɑp	ɑt	ɑk
iɑ	iɑi	iɑu	iɑm	iɑn	iɑŋ	iɑp	iɑt	iɑk
uɑ	uɑi			uɑn	uɑŋ		uɑt	
e	eu		em	en		ep	et	
				ien			iet	
				uen			uet	
ə			əm	ən		əp	ət	
i	iu		im	in	io	ip	it	
o	oi			on	oŋ		ot	ok
				ion	ioŋ			iok
			uo	uon	uoŋ			uok
u	ui			un	uŋ		ut	uk
				iun	iuŋ		iut	iuk

鼻韵　m̩ n̩
(梅县志, 梅県地方志編纂委員会, 広東人民出版社, 1994年によるもの)

声調

梅県客家語には，北京語と同様，各字音の四声（アクセント）がある。このほかに，二つの音声（5声と6声）をマスターすべきである。

	調類	古調	符号	調値	声調符号	用例
1声	（阴平，上平，平升）	平	ー	˧˥⁴⁴	c□	鲜花娇美
2声	（阳平，下平，低沈）	平	╱	˩¹¹	c□	钱存银行
3声	（上声，俯降）	上	⌣	˧˩³¹	ᶜ□	老李请酒
4声	（去声，高入）	去	╲	˥˨⁵²⁽⁵³⁾	□ᵒ	进步最快
5声	（上入）	阴入	❘	˩¹(˩¹¹)	□ᵒ	挖掘角色
6声	（下入）	阳入	無記号	˥⁵	□ₒ	拾获玉石

（梅县志によるもの）

説明：（1）陰平声ははじめ中調にして音尾が微弱である。
　　　（2）陽平声は中調にして長く平直である。
　　　（3）上声ははじめ中調にして緩く低下して，音尾が微弱である。
　　　（4）去声ははじめ高調にして急に低下し，音尾が微弱である。
　　　（5）陰入声は高調にして短く，音尾が急に息止する。
　　　（6）陽入声は中調から低下して短く，音尾が急に息止する。

江南書院1957年版『中国語比較研究』pp34 林盛道 §客家語の特色による

客家語基礎語彙集

A a

a

阿	ā	…君；…ちゃん；…さん（呼称の前に付ける接辞）
阿爸	ā bā	父；お父さん
阿伯	ā bȧk	伯父；伯父さん
阿哥	ā gō	兄；兄さん
阿姑	ā gū	伯母；叔母；おばさん
阿公	ā gūng	祖父；おじいさん
阿姊	ā zǐ	姉；お姉さん
阿舅	ā kiū	伯父；叔父；おじさん
阿姆	ā mē	母；お母さん
阿妹	ā mòi	少女；お嬢さん
阿婆	ā pó	祖母；おばあさん
阿舍	ā sà (ā hià)	①坊ちゃん；②官僚の息子
阿嫂	ā sǒ (ā sǎu)	①兄嫁；②既婚の若い女性に対する呼称

阿叔	ā sủk	叔父(おじ)
阿姨	ā yí	伯母(おば)；叔母
鸦片烟脚	ā piěn yān giỏk	アヘンを吸う人
鸦片烟鬼(屎)	ā piěn yān gǔi (sǎ)	アヘンを吸う人(蔑称)
哑吱	ǎ zə̄	口のきけない人；おし

ai

挨挨磨磨	āi āi mò mò	ぐずぐずする
矮凳欸径跌人	ǎi dèn e gàng diět ngín	小事にこだわり大事をしくじる
矮□□	ǎi dep dep	背が大変低い
矮顿义隋	ǎi dǔn cā sui	背は高くないが，丈夫である
矮佣佣	ǎi dut dut	背が低い＝矮□□
矮古欸	ǎi gú e	背の低い人
矮古多心事	ǎi gú dō sīm sə̀	背の低い人は目論見をくわだてる
矮古心肝短梗称	ǎi gú sīm gōn dǒn guǎng cən	背の低い人は胸に一物がある

am

暗哺(头)	àm bū (teu)	夜
暗哺夜	àm bū yà	夜
庵欸	ām e	寺；尼寺
○斋庵	zāi ām	尼寺

an

恁(唅)	ǎn	とても
恁倩(唅倩)	ǎn ziāng	とてもきれい

ang

罂欸	āng e	壶；瓶

ap

鸭公	áp gūng	あひる(雄)
鸭卵	áp lǒn	あひるの卵
鸭嫲	áp má	あひる(雌)
鸭听雷	áp tāng lúi	あひるは雷の音が聞こ

| | | えない(全く分からない, 訳が分からない) |

at

| 闷 | at | 怒る |

au

拗	aŭ	折る
拗断	aŭ ton	折る
噢	aù	論争する；口論する
噢事	aù sə̀	自分が言ったこと・したことを否認する
噢灶	aù zàu	悩む

B b

ba

巴	bā	捕える
巴倒一条大鲩鱼	bā dǎu yit tiau tài wān ń	大きな草魚を捕えた
把	ba	背負う

bai

跛	bāi	びっこ
跛脚	bāi giȯk	びっこ
摆	bǎi	回数；…回
摆手	bǎi sǔ	手を振る
摆摊欸	bǎi tān e	①露店を出す；②屋台を並べる
拜祖公	bùi zó gūng	先祖(の墓)に参拝する

bak

剥	bák	皮を剝く
剥豆欸	bák tèu e	豆の皮を剝く
伯公	bák gūng	神；守護神
伯姆	bák mē	伯母さん
擘	bák	剝ぐ；剝く
咟柚欸	bák yù e	文旦を剝く
咟烟欸	bak yān e	タバコを吸う
咟大子女	bak tài zǒ n	子供を育てる
拍纸炮	bak zǒ pàu	爆竹を鳴らす
拍急	bak gip	慌てる

ban

班	bān	クラス
班级	bān kip	クラス
班长	bān zǒng	クラスリーダー；班長
板	bǎn	敏捷ではない；機転が 　きかない
板擦	bǎn cat	敏捷ではない；鈍い
粄欸	bǎn e	客家のお菓子のひとつ，

		米粉や小麦粉で作った食べ物の総称
○甜粄	tiám bǎn	客家の甘い餅菓子
半百	bàn bȧk	50
半担戆	bàn dām ngòng	間が抜ける
半点心肝	bàn diǎm sīm gōn	ちょっとした思いやり
半肚	bàn dǔ	軽食
半个(只)月	bàn gè (zȧk) nyat	半月
半个时辰(点钟)	bàn gè sə́ sə́n (diām zūng)	30分
半饥半饱	bàn gí bàn bǎu	不十分な食事
半斤八两	bàn gīn bȧt liōng	五分五分；同量；同様
半公嬷	bàn gūng má	ふたなり
半嘲做	bàn liàu zò	軽い仕事をする
半生死	bàn sang si	非常に困難な状態；死ぬ寸前
半生熟	bàn sang suk	半熟
半信半疑	bàn sìn bàn ngí	半信半疑
半天吊	bàn tiēn diàu	狼狽する
半桶水	bàn tǔng sǔi	なまかじり
半真半假	bàn zēn bàn gǎ	嘘と本当が五分五分
半煎煮	bàn ziēn zǔ	炒めてから煮込む
半昼黄天	bàn zù wóng tiēn	昼すぎること

绊	bàn	足かせ；邪魔をする
绊脚	bàn giók	つまづいて倒れる

bang

挷(搲)	bāng	引く；抜く
挷(搲)想	bāng siǒng	背が伸びる
挷长面	bāng cóng mièn	麺を作る
挷牙齿	bāng ngá cǎ	牙を抜く
挷草	bāng cǎu	雑草を取り去る
挷索欸	bāng sók e	紐を引く
挷直	bāng cət	曲がった部分を伸ばす
挷毛	bāng máu	毛を抜く
挷尾	bāng mī	しっぽを引く

bat

八分体(字)	bát fūn tǐ (sə̀)	隷書の一種
八字	bát sə̀	運命判断の干支(生年月日)
八字脚	bát sə̀ giók	外股
八宝	bát bǎu	天子の持つ8種の印
八月半	bát nyat bàn	中秋；8月15日

八煞	bắt sắt	怖い
八成	bắt sấn	8割
钵	bắt	器
○花钵	fā bắt	花鉢
○尿钵	nyàu bắt	小便用の器

bau

包	bāu	肯定的に；きっと；必ず
包做好	bāu zò hǎu	仕上げることを保証する
包菜	bāu còi	キャベツ
包欸	bāu ě	中華まんじゅう
包粟	bāu siủk	とうもろこし
包伙食	bāu fo sət	食事を賄う
煲	bāu (bō)	煮る；ゆでる
煲钵	bāu (bō) bắt	鍋
煲茶	bāu (bō) cá	お茶を沸かす
煲饭	bāu (bō) fàn	ご飯を炊く
煲滚水	bāu (bō) gǔn sǔi	お湯を沸かす
煲汤	bāu (bō) tōng	スープを作る
煲粥	bāu (bō) zuk	お粥を煮る

豹虎胆	bàu fǔ dăm	勇猛
豹虎哥	bàu fǔ gō	小さいクモ
爆	bàu	さっと揚げる
龅牙猪牯	bàu ngá zū gǔ	八重歯；出っ歯
报知	bàu di	知らせる

be

□	be	①レベルが低い；②まずい

ben

凭	bèn	たよる

bet

批	bet	平手で打つ

bi

飞	bī	飛ぶ
飞走	bī zeu	飛んでいく

飞上天	bī song tiēn	空を飛ぶ
比比帮帮	bí bí bōng bōng	いつも比較する
比将	bí ziǒng	比喩
比佢唔得	bí gí m̩ dėt	彼に負ける
比工夫	bí gung fu	武術の試合をする
痹	bì	しびれる
痹药	bì yok	麻酔薬
揹	bì	背負う
○揹枪	bì ciōng	銃を担ぐ
○揹棍	bì gùn	棒を担ぐ
敝利播罗	bì lì bò lò	①非常に急いでいる様子；②バタバタ
辈数	bì sù	世代

biak

壁	biȧk	①壁；②包丁で切る；③力強く打つ
壁角	biȧk gȯk	壁や塀の角(隅)

biang

匚(扬)	biàng	かくれる；かくす

biau

蹀	biāu	跳ぶ
表	biāu	宝くじ

bien

扁	biěn	めくる
扁转来	biěn zǒn lǒi	ひっくり返す
变肥	bièn pí	太る

bin

揆	bǐn	肛門をきれいにする
揆屎	bǐn sǎ	尻ぬぐいをする
并唔知	bìn ḿ di	知らない

biong

枋板	biòng bản	板
放息	biòng sit	預金で利息を貰うこと

bit

烨猪脚	bit zu giok	豚足料理
毕子(禾毕, 麦毕)	bi te (wo bit, mak bit)	すずめ

bo

菠菜	bō còi	ほうれんそう
波肿	bō zǔng	膨らむ
播	bò	棒で人を殴る
○播阿会死	bò a woì sǐ	棒で殴られて重傷を負う

boi

背囊	bòi nóng	背中
○肚(子)粘背囊	du (sǎ) nyám bòi nóng	腹がペコペコだ
背驼驼	boı tó tó	せむし(偏僂)

bok

驳	bȯk	つながる

驳火	bók fó	交戦する
博塞	bók sét	つまる

bong

锛	bŏng	ご飯のおかずにする
锛饭吤菜	bŏng fàn gè còi	ご飯のおかず

bot

发	bót	成金
发疿欤	bót cói e	小さなできもの
发货	bót fò	性病；花柳病
发钱狂	bót cién kóng	お金に夢中
发甘积	bót gam zit	回虫による病気
发梦	bót mùng	夢を見る
发粄	bót bǎn	蒸し菓子
发癫	bót diēn	気が狂う
发㾿	bót háp	ぜんそく
发姣	bót hiáu	妖艶
发热气	bót (fat) nyat hi	風邪になる
发尿积	bót nyàu zít	多尿症
发疾哥	bót tái gō	癩病

发神经	bȯt sə́n gīn	精神病
发痰火	bȯt tám fŏ	肺結核
发瘴	bȯt zòng	疫病（悪口）
发瘴猪	bȯt zòng zū	疫病で死んだ猪

bu

| 踎 | bū | うずくまる；しゃがむ |
| 斧头 | bŭ téu | 斧（おの）；まさかり |

bun

分	būn	①分ける；②あげる；③下さる
分开住	būn koi cù	離れて住む
分偓	būn ngái	私にくれる
分伱	būn ngí	あなたにあげる
分人打	būn ngín dǎ	人に殴られる

bung

| 捧大脚 | bŭng tài giȯk | お世辞を言う；おもねる；媚びを諂う |

C c

ca

叉	cā	手にさげて持つ
叉一桶水	cā yit tǔng sǔi	一桶の水を手にさげて持つ
车大砲	cā tài pàu	ほらを吹く
车伯	cā bȧk	ほらをよく吹く人
差斗	cā deu	①質が劣っている；②能力がちょっと低い
差板	cā bǎn	①質が劣っている；②能力がちょっと低い
扯饭	cá fàn	美味しい料理
扯飞	cá fī	入場券など買うこと

cai

裁钱	cái cién	資金を集める
在家千日好出外半朝难	cài gā cién ngit hau cut ngòi bàn zāu nán	家の中は楽，外は苦労が多い

cam

掺	cām	①手で平らに支える；②握る

can

铲	cǎn	どなる；罵る
孱头	càn téu	いたずらをしたりけちをしたりする様子

cang

程(煋, 瞠)	cáng	強い光で照らす
程眼	cang nyǎn	まぶしい
撑遮欸	cáng zā e	傘をさす
撑	càng	口論する
撑饭撑饱	càng fùn càng bau	ご飯をむしゃむしゃ食べる
撑嘴	càng zòi	口論する

cau

吵交欸	cáu gāu ě	喧嘩をする
吵仗	cáu zòng	喧嘩をする

ce

滞	cè	消化不良になる
滞气	cè hì	消化不良になる

cen

噌	cēn	嘆く

cet

贼欸	cėt ě	泥棒；賊；盗賊
贼古	cėt gǔ	賊（男）；男の泥棒；盗賊
贼头	cėt téu	泥棒のボス；盗賊の首領
贼婆	cėt po	賊（女）；女泥棒

| 贼嬷 | cèt má | 賊(女); 女泥棒 |

ceu

骤水	cěu sǔi	水を混ぜる
凑阵	cèu cèn	共にする
凑会欸	cèu fì e	頼母子講

cə

粗蛮	cə̄ mǎn	粗野である
试	cə̀	してみる；やってみる
自家	cə́ gā (cə̀ gā)	自分
自家人	cə́ gā ngín (cə̀ gā ngín)	内輪
自细	cə̀ sè	幼い時から；小さい頃
郾鸡	cə́ ge	鶏をしめる
饲饭	cə̀ fàn	子供にご飯を食べさせる

cəm

| 沉沉痛 | cə́m cə́m tùng | 体に痛みを感じる |

cən

称功道劳	cēn gūng dàu láu	自己賞賛；自慢をする
尘灰	cán fōi	ほこり；ちり
逞会	cǎn wòi	見せびらかす；自慢をする
阵	càn	①仲間；②しばらくの間
阵党	càn dǒng	友達；仲間
阵纲	càn gōng	群
○一阵纲人	yit càn gōng ngín	一団の人

cət

拭净	cət ciàng	きれいに拭く ☞ cut

ci

妻舅欸	cī kīu e	義兄弟
凄凉	cī lióng	悲惨
趣	cì	かわいい
趣怪	cì guài	風変わりである（変な

		顔・行動など)
取耳	cǐ ngǐ	耳をかく
取油耳	cǐ yú ngǐ	耳垢(湿った)を取る
取糠耳	cǐ hong ngǐ	耳垢(乾燥した)を取る
取钱	cǐ cién	お金を貰う
取债	cǐ zai	借金を取り立てる

cia

且姆	ciā mē	嫁の母親

ciak

趚上趚下	ciȧk sōng ciȧk hā	あちこち走り回る
织	ciȧk	織る；編む
织羊毛衫	ciȧk yóng mō sām	セーターを編む

ciam

签	ciām	ナイフで勢いよく刺す
签死	ciām sǐ	刺し殺す

ciang

青草药	ciāng cǎu yók	薬草
青面鸟	ciāng mièn diǎu	気むずかしい人
清明节	ciāng miáng ziét	清明節
请先生	ciǎng sēn sāng	教師を招聘する
请酒	ciǎng zǔ	宴会に招待する
净	ciàng	①だけ；ただ；②きれい
净降	ciàng gòng	限られている（少ない方，たいしたものではない）
净泥	ciàng nai	泥だらけ

ciap

捷才	ciáp cǒi	すばやい；はしこい

ciau

樵（柴）	ciáu	薪
噍	ciàu	嚙む

嚼舌头	ciàu sat téu	口から出任せを言う；悪口；大口；（ＡのＢに伝えて）ごたごたを巻き起こす；中傷

cien

千打千	ciēn dǎ ciēn	数多い
千拣万拣拣个烂灯盏	ciēn giǎn wàn giǎn giǎn gè làn dēn zǎn	何回選んでも，結局悪いものを選ぶ（比喩：お嫁さんを選ぶ時に使う言葉）
千祈	ciēn kí	①必ず；②くれぐれも
千祈, 千祈	ciēn kí, ciēn kí	くれぐれも
千祈爱来	ciēn kí oì lói	必ず来て欲しい
千祈莫去	ciēn kí mòk hì	決して行ってはいけない
千里姻缘一线牵	ciēn lī yīn yán yit sièn kiūn	何かの縁で遠い二人が結婚できる
千里送鹅毛物轻人意重	ciēn lī sùng ngò māu wut kiāng ngín yì cūng	物はささやかなものだが，心がこもっている

前背	cién bòi	前
前日(欸)	cién ngit (ě)	おととい
前日晡夜	cién ngit bū yà	おとといの夜
前日朝晨	cién ngit zau sən	おとといの朝
钱钻欸	cién zòn ě	しょっちゅうお金をねだる
钱狂	cién kóng	お金に夢中になる
贱货	cièn fò	あばずれ女(悪口)

ciet

绝情绝义	cièt cín cièt ngì	微塵の人情もない

cim

寻	cím	搜す
寻死路	cím sǐ lù	自殺を図る
寻倒	cím dàu	見つける
寻头路	cím téu lù	求職する

cin

亲	cīn	①親しい；②頬擦りを

		する
亲家	cīn gā	配偶者双方の両親
踖	cīn	老人や子供が立つ時, 安定せず前に傾く
尽	cìn	任せる；随意に
尽在(得)佢	cìn cai (dėt) kí	勝手にさせる
尽兜(人)	cìn déu (ngín)	みな
尽佢坐来	cìn kí cò loi	勝手にさせる
尽命	cìn miàng	一生懸命
静	cìn	静か

cion

吮	ciōn	吸う
吮屌(㞗)	ciōn lǐn (zōi)	男性の生殖器を吸う（悪口）

ciong

像	ciòng	似ている
像鬼	ciòng gǔi	鬼に似ている

cit

七七八八	cit cit bat bat	うるさく話す
七孔	cit kúng	両眼と両耳と鼻と口
七月半	cit nyat bàn	中元
七辛八苦	cit sīn bat kǔ	非常に苦しい
七上八落	cit sōng bat lok	落ち着かない
七手八脚	cit su bat giok	やる人が多すぎる(船頭多くして船山に上る)
彳亍	cit cok	のんびり歩き回る
膝头无力	cit téu mó lit	精力減退

ciu

秋	ciū	終わる
○做秋撇哩	zò ciū bet le	終わった
秋哺日	ciū bū ngit	昨日
秋哺夜	ciū bu yà	夕べ；昨夜
秋风阵阵凉	ciū fung cèn cèn liong	秋風は涼しい
泅水	ciū sui	泳ぐ

就	ciù	①ただ；②付き添う
就㑒一个人	ciù ngái yit qè ngín	私ただ一人
就等佢	ciù den ki	彼に付き添う

ciuk

刺	ciùk	刺す
刺心肝	ciùk sīm gōn	心に傷をつける

ciung

松仁	ciúng yín	松やに

co

坐监	cō gām	牢獄に入る
坐嬲	cō liàu	雑談をする
坐凉	cō lióng	納涼；涼む
坐横桌	cō wáng zǒk	官僚か商社の役人になる
坐食山空	cō sət sān kūng	仕事もない，収入源もないため貧乏になる
刴	cò	こすってきれいにする

coi

在	cōi	存在する；健在である
在唔在？	cōi m̄ cōi	御健在でいらっしゃいますか
吹过	cōi guò	かわいそう；哀れ
疿欻	cói e	小さなできもの
财丁两旺	cói den liong wòng	家財と子供を沢山持つこと
财库	cói kù	①出納係；②金庫
彩	cǒi	チャンス
彩数	cǒi sə̀	チャンス
睬	cǒi	相手にする；取り合う
菜脚	còi giók	食べ残した料理
菜脯	còi pǔ	切り干し大根

cok

亍	cók	①きままに歩く；②足を動かして物を動かす
着	cok	正しい

着惊	cok giāng	驚く
着吓	cok hak	びっくりする
着表	cok biāu	宝くじが当たる

con

栓	con	門を閉める
栓门	con mun	①門を閉める；②閉店
栓店	con diàm	①門を閉める；②閉店

cong

丈礼(尔)婆	cōng lī (nī) pó	義母
丈尾婆	cōng mī pó	義母
丈姆娚	cōng mē oī	義母
丈人老	cōng ngín lǎu	義父
长缠	cóng cán	①長話；②長引く
长缠个病	cóng cán gè piàng	慢性病；持病
长滴	cóng dǐt	ちょっと長い
长逡逡	cóng nyáu nyáu	長い様子（山道等）
长命草	cōng miàng cǎu	忘れな草
长生板	cōng sēn bǎn	棺（ひつぎ）
长时	cōng sə	常に

长病无孝子	cōng piàng mó hàu zǎ	長患いにかかり，看護してくれる親孝行の子供がいなくなる
撞板	còng ban	やんわりと(きっぱりと)断わられる；ひじ鉄を食わされる

cot

撮人	cót ngin	人を騙す
撮倔唔倒	cót ngái m̩ dǎu	私を騙すことはできない
撮把戏	cót bǎ hì	魔術；マジック

cu

丑人多作怪	cǔ ngín dō ziȯk (zȯk) guài	みにくい人は悪知恵多し
臭火㶶	cù fǒ làt	食物が焦げたにおい
臭火烟	cù fǒ yān	食物をいぶしすぎたにおい
臭风	cù fūng	漬物がかびたにおい
臭风咸菜	cù fūng hǎm còi	臭くなった漬物

臭交交	cù gáu gáu	怒った顔つき
臭翕	cù hĭp	閉じられた部屋の臭気
臭汗酸	cù hòn son	汗のにおい
臭乳臊	cù nèn sō	赤ちゃんが発する乳のにおい
臭吃	cù ngȧt	体臭
臭尿醶	cù nyɑu hiām（hēn）	小便のにおい
臭马屎	cù mā sə̌	①馬の糞のにおい；②信頼できない
臭油狗(个)	cù yú gěu（ge）	古い油のにおい

cui

| 捶肉丸 | cuí nyúk yán | 肉を鉄棒で潰して，つみれ状にする |

cun

| 春车 | cūn cā | ①整理整頓している；②きちんと整っている；③のびのびとして気持ちがよい；④快適である |

| 春畅 | cūn cǒng | ①いい暮らしをする；②ゆとりがある；③快適である |

cung

冲撞	cūng còng	衝突する
重多多	cūng dó dō	ずっしりと重い
重三到四	cúng sām dàu sì	繰り返す
仲新	cùng sīn	極めて新しい
仲新鹄烂	cùng sīn guat lan	非常に新しいものがこわれた
铳欤	cùng e	銃
铳药	cùng yok	火薬

cut

出差细	cút cā sė	貧乏な家に生まれた不幸
出绝欤	cút ciet e	すべて駄目になった
出过岁来	cút gùo sè lói	もう一度生まれること
出街	cút kiai	町に行く
出杀（煞）	cút sát	結婚・新居に移転など

		のときの覡(男の巫)による厄除
出杀(煞)鸟	cùt sát gē	厄除のときに殺した鶏
出目汁	cùt mùk zə̇p	涙を流す
出门看天色，入门看面色	cùt mún kon tien set, nyup mún kòn mièn sĕt	出掛けるとき空を見る，他人の家に入るとき歓迎されるかどうか顔色をうかがう
出禾	cùt wó	穀物を収穫する
拭	cut	布・ハンカチなどで拭く
拭净	cut ciàng	きれいに拭く
拭欻	cut ĕ	消しゴム

D d

da

打靶	dǎ bǎ	銃で処刑する
打摆欸	dǎ bǎi ě	マラリアにかかる
打帮	dǎ bōng	感謝する
打斧头	dǎ bǔ těu	買物を頼まれた時，値段を加算して，利益を自分のふところにへそくる
打赤膊	dǎ cȧk bók	上半身が裸である
打赤脚	dǎ cȧk giok	裸足
打铳	dǎ cùng	銃で撃つ
打斗叙	dǎ dě sì	集まった友人と一緒にごちそうを食べる
打矴	dǎ dīn	ぐるぐる回る
打矴矴	dǎ dīn dīn	ぐるぐる回る
打交	dǎ gǎu	殴り合う
打狗欺主	dǎ gěu kī zǔ	他人の犬を杖で打つ（犬の飼主に対する

		侮辱)
打光拐	dǎ guōng guǎi	裸(とくに子供)
打嗜啐	dǎ hɑt cúi	くしゃみをする
打饷	dǎ hiong	税金を払う
打老虎	dǎ lò (làu) fŭ	トラを撃つ
打落	dǎ lok	蔑視する
打卵见黄	dǎ lŏn giàn wóng	①すぐ効く；②すぐ分かる；③すぐに成功したい
打麻雀	dǎ má ziȯk	マージャンをする
打脉	dǎ miȧk	脈搏をはかる
打牙祭	dǎ ngá zì	3・4人の友人と一緒に食事をする
打眼拐	dǎ nyán guǎi	①ウインクする；②色目を使う
打肭	dǎ nuk	驚く
打屁卵	dǎ pì lŏn	放屁する；おならをする
打屎忽	dǎ sə fȯd	①叱られる；②尻をむちで打つ
打石头	da sɑk tȇu	①勉強に向いていない；②覚えが悪い
打赏	dǎ song	チップをあげる

打手铳	dǎ sú cùng	男性がオナニーをする
打头阵	dǎ téu cèn	率先する
打叠	dǎ tiap	整理をする
打禾	dǎ wó	脱穀する
打夜学	dǎ ya hok	夜間の学校に通う
打早	dǎ zǎu	朝早く
打纸炮欤	dǎ zɔ̌ pàu e	爆竹を鳴らす
打转水	dǎ zǒn sǔi	送還される
打足球	dǎ zǔk kíu	サッカーをする

dai

抵	dǎi	遮断する
抵风	dǎi fung	風を防ぐ
抵日头	dǎi ngit téu	日差しを遮る
底裤	dǎi fù	ズボン下；パンツ
底衫	dǎi sām	下着
带坏样	dài fài yong	悪い手本を示す
带货屎	dài fò sə̄	娼婦を買う
带妇人家	dài fù ngín gā	男性と女性が不義の関係を持つ

dam

担	dām	①上げる；②担ぐ
担头	dām teu	頭をもたげる
担头唔起	dām teu m̩ hĭ	うだつが上がらない
担憨	dām ngòng	愚かな
担竿	dàm gōn	てんびん棒

dan

单	dān	ただ
单偓	dān ngái	私だけ
单丁	dān dēn	(男の子の)一人っ子
单鸟(阿)哥	dān diāu (ā) gō	独身者
单净	dān ciàng	ただ；だけ
但系	dàn hè	しかし

dang

钉钉	dāng dāng	直立の様子
钉钉欤	dāng dāng e	釘を打つ
铛铛(滚)	dăng dăng (gŭn)	ガチャンと音を立てる

dang 38

钉屐(欼)	dāng kiak (e)	下駄を修理する
顶碓	dǎng dòi	愚かだ
顶顶碓碓	dǎng dǎng dòi dòi	①愚かだ；②めちゃくちゃである；③はっきりしない
顶高(顶上)	dǎng gau (dǎng hòng)	上；頂上

dap

答佢恁多	dap gí (kí) ǎn dō	相手にしない
搭	dap	…と；及び
搭呀去	dap a hì	平手で打つ
搭嘚货	dap dè fò	下品でうるさい人
搭人买	dap ngín māi	人に頼んで買う
搭口信	dap hěu sìn	口伝えをする
搭食	dap sət	寄食する
搭信	dap sìn	口伝えをする
搭黎	dap lái	劣る；体がだるい；元気ではない
搨	dap	平手で叩く
○巴掌搨呀去	bā zǒng dap ā hi	平手で叩く

dau

刀嬷	dāu má	包丁；大なた
刀石	dāu sak	砥石
倒椎	dǎu ciāu	薪を割る
倒树	dǎu sù	斧で木を切る
倒油	dǎu yu	瓶を持って店で油を買う
倒	dǎu	可能
○ 看得倒	kòn det dǎu	見える
○ 买得倒	māi det dǎu	買える
○ 看唔倒	kōn ḿ dǎu	見えない
○ 买唔倒	māi ḿ dǎu	買えない
○ □唔倒	ciǎk ḿ dǎu	走ったが間に合わない
○ □唔倒	cǒt ḿ dǎu	騙すことはできない
到	dàu	ナイフで肉を叩きつぶす
到肉饼	dàu nyuk biǎng	包丁で肉を叩いてミートパイを作る
到家	dàu gā	通じている；熟練している
倒贴	dàu tiáp	不足分を補填する；赤

		字を補塡する

de

嘚	dé	①世間話をする；②無駄話をする
嘚嘚嘚嘚	dé dé dè dè	長い無駄話が終わらない

dem

蹬	dèm	太って動きにくい
蹬冬瓜	dèm dūng gūa	①太って動きにくい；②トウガンみたい

den

灯欸	dēn ě	ランプ
灯笼椒	dēn lúng ziāu	ピーマン
登对	dēn dùi	相応する；適合
登分	dēn fun	ぴったり；ふさわしい
等着	dén cok	…しているところ
等佢去	dén kí hì	彼を行かせる

等加一年	dén gā yit nyán	また1年を待つ
… 等来	… dén loi	…している
等郎妹	dén long mòi	トンヤンシー（嫁にするために子供の時から引き取られた女の子）

dep

□	dep	上から打つ
□炸弾	dep zà tăn	爆弾を落とす
□落	dep lok	上から落とす

det

得	dėt	①よろしい；②行ける
得闲	dėt hán	暇
得人情	dėt ngín siȧk	愛される；好かれる
得人恼	dėt ngín nāu	嫌われる
得人畏	dėt ngín wì	恐れる

deu

兜	dēu	持ち上げる
兜大脚	dēu tài giȯk	お世辞を言う
斗	dèu	口喧嘩をする
斗多	dèu dō	いい加減である
斗多货	dèu dō fò	けしからんやつ
斗斗多多	dèu dèu dō dō	けしからん；無責任である
窦	dèu	巣

di

知	dī	知っている
知差	dī cā	間違ったことを知っている
知唔知	dī ṃ dī	知らないか
知打知	dī dǎ dī	互いに知っている
底背	dī bòi	裏
哋哋	dī dī	サイレンの音
哋哋哊哊	dī dī dá dá	やかましい音
抵	dǐ	値する

| 抵钱 | dǐ cien | 値打ちがある；価値のある |

diam

静	diām	静か；冷静
静静	diām diām	動いていない；静かに；冷静に
静板	diām ban	冷静な様子
点	diǎm	軽食を取る；スナック；一口
点呀欶	diǎm a e	一口で食べる
店欶	diàm ě	店

diau

叼	diāu	刺す；蚊等に刺される
鸟欶	diāu ě	①鳥；②男性生殖器
屌	diǎu	性交を行う
屌错佢	diǎu çòk ki	彼を叱る
屌惹姆	diǎu nya me	①話し相手の母親を侮辱する言葉；②畜生め

屌支牌	diǎu zē pái	性交をする
吊菜欸	diàu còi e	茄子
吊颈	diàu giǎng	首吊りをする
吊腔	diàu kiōng	大口をたたく

dien

癫	diēn	気違い；錯乱
癫欸	diēn é	狂人
癫狗	diēn gěu	狂犬
癫古	diēn gǔ	(男の)狂人
癫人	diēn ngin	狂人
癫嬷	diēn má	(女の)狂人
癫癫懂懂	diēn diēn dǔng dǔng	常軌を逸している；愚鈍な

diet

跌	diėt	①なくす；②落ちる；③転ぶ
跌价	diėt gà	値打ちが下がる
跌撇了	diėt piet le	なくした
跌落井哩	diėt lok ziǎng le	井戸に落ちる

跌死(无命)	diėt sǐ (mó miàng)	転んで死ぬ(命を落とす)

din

跕	dīn	回る
跕跕转	dīn dīn zǒn	ぐるぐる回る
○打跕跕	dǎ dīn dīn	ぐるぐる回る
渧渧渧渧	dín dín dìn dìn	水滴が落ちる
顶(鼎)愿	dǐn nyàn	非常に満足している
顶使唔顶用	dǐn sə̌ m̩ dǐn yung	金はいくらあっても足りない
渧	dìn	滴る
渧清	dìn cīn	清らかである；きれいに滴る

dit

滴	dıt	ちょっと
嘀嘀欤痛	dıt dıt e tìng	断続的に痛む

diu

丢撒	dīu pet	捨てた

do

多官目	dō guōn muk	絶えず災難に遭う
多衣多寒, 少衣自暖	dō yī dō hón, séu yī cə nōn	激励の言葉
多来多去, 少来啱啱	dō lói dō hì, séu lói ngām ngām	収支のバランスがとれている
多滴	dō dit	少し多い
多喙	dō zòi	ちょっと余計なことを言う
多多落	dó dó lok	重い様子
剁	dò	ぶち切る
剁肉丸	dò nyuk yam	肉団子を作る
剁鲩丸	dò wan yan	草魚のつみれを作る

doi

堆山积海	dōi sān zit hǒi	山ほど積まれている

堆打推	dōi dǎ dōi	積み上げたものが散在している

dok

睭等欷	dók den e	うかがう
斫断	dók ton	たたき切る

don

端	dōn	両手で持つ
断乳	dǒn nèn	離乳する
断	dòn	決める
碫	dòn	石の階段

dong

当串	dōng còn	売春する
当当咑咑	dōng dōng dɑp dɑp	暴食する
当下	dōng hà	今すぐ
当昼	dōng zù	正午
珰珰㴸, 命注定	dóng dóng dìn, miàng zù tìn	運命づけられている

dong 48

当	dòng	比べる
当唔得伱	dòng ɱ dėt ngí	比べてもあなたには及ばない
当伱唔得	dòng ngí ɱ dėt	比べてもあなたには及ばない

dot

掇	dòt	移動する
掇石头	dòt sak téu	石を運搬する
掇货	dòt fò (dok fò)	卸し売りする

du

嘟	dú	叱る；怒鳴る
嘟嘟嘟嘟	dú dú dù dù	怒鳴る
睹吹	dŭ cŏi	運を試す
肚褡	dŭ dáp	子供の下着
肚肚好	dŭ dŭ hau	①ちょうどいい；②ぴったり
肚饥	dŭ gī	おなかがすく
肚渴	dŭ hòt	喉が渇いている
肚里	dŭ le	中に

肚屎	dǔ sə̌	おなか
肚屎粘(变)背裏	dǔ sə̌ nyám (bien) bòi nóng	おなかがとてもすく

dui

对	dùi	ちょっと引っ張る
对欸	dùi e	対聯(対句を書いた掛け物)
对唔住	dùi ḿ cù	申し訳ない；すみません
对唔起	dùi ḿ hǐ	申し訳ない；すみません
对得人住	dùi det ngín cù	期待に背かない
对人死	dùi ngín sǐ	犠牲になる
对佢死	dùi ki si	①食い物にされる；②いまいましい
对岁(细)	dùi sè	満1歳

duk

涿	dùk	雨に濡れる
涿雨	dùk yi	雨に濡れる

duk 50

督	dùk	①監督する；②促す
督噎欸	dùk et e	むせぶ；おえつする
督(睹)目睡	dùk (dǔ) mùk sòi	いねむりをする

dun

撉	dùn	手の節で打つ
撉那去	dùn na hì	打ってしまった
囤	dǔn	買い占める
囤货	dǔn fò	物を買い占める
顿班	dǔn bān	留年

dung

东(岽)	dūng	かぶる(頭に)
东瓜	dūng gua	カボチャ
冬下头	dūng hā téu	冬
冬令	dūng lìn	冬
冬至节	dūng zə̀ ziet	冬至の祭日
冬至肉	dūng zə̀ nyùk	冬至の燻肉
冬至羊,夏至狗	dūng zə̀ yóng, hà zə̀ gěu	客家の習俗によると冬至にマトンを食べると元気になる，夏至

		に犬肉を食べると元気になる，バテない
冬至酒	dūng zə̄ ziu	冬至に作ったお酒
苓	dúng	手で頭の上をおさえる
苓等欸	dúng děn e	手で頭の上をおさえる
中	dùng	まんなか
中心	dùng sīm	まんなか
冻倒	dùng dǎu	寒さにやられる
冻冻响	dùng dùng hiong	板の上を歩く音
鈜鈜滚	dúng dúng gǔn	ドンドン（太鼓の音）

E e

e

欸	ē	（感嘆詞）おい
欸（語尾）	é	（動態助詞，完了語尾）
○去欸	hì e	行った
欸欸	ě ě	ここ
欸个	ě gè	これ
欸（語尾）	ě	（接尾詞）
○鸟欸	diāu e	鳥
欸哩	ě lé	ここ
欸片析	é piěn sȧk	この辺（あたり）
欸析	ě sȧk	この辺（あたり）

em

揞	ēm	覆う
揞唵煞	ēm ǎn sǎt	徹底的に隠す
揞老婆	ēm lǎu po	妻を抱いて寝る
揞等耳公	ēm děn ngǐ gūng	耳を覆う

| 揞等鼻公 | ēm děn pì gūng | 鼻を押える |
| 揞等嘴 | ēm děn zòi | 口を押える |

en

| 鸚哥鸟 | ēn gō diāu | オウム科の鳥 |

ep

| 抾火 | ėp fǒ | 火を消す |

et

| 抑石头 | et sak téu | 石を投げつける |

eu

泅色	ěu sět	黒を青に混ぜた色：不健康な顔色
泅	cù	長い間使わないから駄目になった
泅臭	èu cù	長い間放置された事によりくさくなった

沤坏欻(了)	èu fài e (le)	長い間放置された事によりだめになった
沤火只	èu fŏ zak	薪火の煙を吸った
沤烂	èu lan	長い間放置されてぼろぼろになった(紙・布等)
沤纽	èu nèu	汚い
沤熟	èu suk	完熟するまで保存する
沤沤纽纽	èu èu nèu nèu	非常に汚い
沤箱角	èu siōng gŏk	衣類が長い間箱にしまわれて駄目になった

F f

fa

花钵	fā bát	花の鉢
花边	fā biēn	銀貨；お金
花癫	fā diēn	失恋または離婚による精神異常者
划	fá	勘定が合う
划得来	fá det lói	勘定が合う
划唔来	fá m̩ lói	勘定が合わない
划算	fá sòn	引き合う
华社	fá sā	華僑の社会団体
化	fà	気にしないでいられる

fai

坏家伙	fài gā fǔ	①駄目；②悪い道具；③悪人
坏鬼	fài gǔi	悪人
坏绝	fài ciet	極めて悪い

fak

□	fȧk	やっつける
□下(加)去	fȧk hà (gā) hì	①踏みつける；②移動する；③上げる
□天□地	fȧk tiēn fȧk tì	騒がしい話

fam

犯衰人	fām sōi ngín	人に迷惑(厄介)をかける

fan

番	fān	外国；南洋
番饼	fān biǎng	洋菓子
番钱	fān cién	外国のお金
番话	fān fà	①外国語；②南洋の言葉
番枧	fān giǎn	せっけん
番鬼	fān gǔi	①外国人；②南洋の人
番客	fān hák	帰国した華僑；華人

番茄(汁)	fān kío (zəp)	トマト(ケチャップ)
番米	fān mi	①晩稲の米；②外国の米
番妹	fān mòi	華僑；華人の若い女性
番片	fān piěn	①外国；②南洋
番婆	fān po	①外国の女性；②土着の女性
番薯	fān sú	①薩摩いも；②愚か者
番薯头	fān sú téu	頭の悪い人
番豆(壳)	fān tèu (hȯk)	落花生(殻)
番豆仁	fān tèu yín	落花生(実)
番禾	fān wó	晩稲
番崽	fān zǎi	華僑；華人の青少年
翻屄(番灿)	fān càn	いたずら
翻嫩	fān nùn	若返る
翻痛	fān piàng	病気が再発する
翻生	fān sāng	復活；蘇る；再生する
烦劳佽	fán ló nqí	ご面倒でも…お願いします
烦佽	fǎn nqí	ご面倒でも
烦死	fán sǐ	非常に煩わしい
反面无情	fǎn mièn mo (wu) cín	突然人情味のない冷たい態度に変わる；無

		愛想な顔付きになる
饭钵	fàn bắt	ご飯の容器
饭搭菜	fàn dàp còi	弁当
饭燗(焖)	fàn lát	ご飯のおこげ
饭染(粘)	fàn nyăm	ご飯の粒
饭糙(糁)	fàn săm	ご飯の粒
饭勺	fàn sok	杓文字(しゃもじ)
饭汤	fàn tōng	重湯(おもゆ)を糊として使う
饭碗	fàn wŏn	職業

fang

放	făng	荒々しい；乱暴な

fat

发火	fát fŏ	怒る
发过誓来	fát gùo sə̀ lói	誓いを立てる
发哏	fát kĕn	怒る
发哩	fát le	運よく；金持ちになった
发愿	fát nyàn	神様にお願いする
阔	fát	広い

fe

口嘴	fe zòi	①曲がった口；②不正直な

fet

或出或入	fet cǔt fet nyup	出るか入るか
或生或死	fet sāng fet sǐ	生きるか死ぬか
或迟或早	fet cá fet zǎu	遅かれ早かれ

feu

浮生	fēu sāng	浮き草のような生活
埠	fèu	市
埠头	fèu téu	港(町)

fi

飞	fī	入場券

(活 fɑt 回転が速い；すばしこい)

fi 60

飞飞滚	fī fī gǔn	メントールを皮膚に塗った時のすっきりした感じ
飞飞跳	fī fī tiàu	メントールを皮膚に塗った時のすっきりした感じ
飞机师	fī gī sē	パイロット
菲林	fī lím	フィルム
挥	fī	調髪する
挥发	fī fat	調髪する

fin

□	fìn	振り落とす
□□跳	fìn fìn tiàu	両手を振ってかんかんに怒る

fit

甩	fit	捨てる
甩甩□□	fit fit fak fak	手を振りながら走り回る
甩落去	fit lòk hì	投げ込む

| 甩走佢 | fit zěu ki | 投げ捨てる |
| 飞亮 | fit liàng | 目立つ |

fo

伙记	fó gì	店員
和合	fó hàp	調和
和气致祥	fó hì zə̀ sióng	円満な家庭は幸せである
和气生财	fó hì sēn cói	円満な家庭は財産が増える
和唔落	fó ḿ lok	仲が悪い
和唔到	fó ḿ dàu	計算が合わない
和转去	fó zǒn hì	仲直りする
伙食	fǒ sət	①食事；②食物
火厨(下)	fǒ cú (hā)	台所
火斗	fǒ děu	竹あんか(こたつのような物で中に小さな火ばちを置いた竹かご，採暖道具)
火管	fǒ guǒn	(ガラスの)ランプの傘
火候未(唔)到	fǒ hèu wì (ḿ) dàu	教養と経験不足
火气	fǒ hì	①性質；癖；②怒りや

		すい性格
火气会着	fǒ hì wòi còk	怒る；腹が立つ
火料欻	fǒ liàu e	簡単な棺；子供あるいは貧乏人の屍体用の棺桶
火蛇欻	fǒ sá e	雷
火烧山	fǒ sáu san	山火事になる
火烧天	fǒ sau tiēn	蒸し暑い天気
火烧屋	fǒ sáu wak	火事になる
火船	fǒ són	汽船
火食隔	fǒ sət gak	（重箱型の）弁当箱
火炭	fǒ tàn	木炭
火头	fǒ téu	コックさん；調理師
火炎虫, 唧唧虫, 屎背尾, 吊灯龙	fǒ yām cúng, zǐt zǐt cúng, sǎ bòi mī, dìau dēn lúng	ホタル，チーチーと鳴く虫，お尻には灯を持つ（童謡）
火盐	fǒ yám	製塩
火烟浓浓	fǒ yān núng núng	煙一杯
火酒	fǒ ziǔ	アルコール
火焰冲天	fǒ yam cùng tiēn	炎が天を衝く
货屎	fò sǎ	娼婦
货屎嫲	fò sə má	娼婦

foi

灰水	fōi sŭi	石灰を水にかき混ぜるもの；壁の粉飾用
灰春	fōi cūn	塩漬け卵
灰卵	fōi lŏn	塩漬け卵

fon

欢	fōn	（1）枚
○一欢被	yít fōn pi	1枚の掛け布団
○一欢席	yít fōn ciak	1枚のござ
欢喜	fōn hĭ	①嬉しい；②好きである
欢心悦意	fōn sīm yàt yì	非常に嬉しい；楽しい

fong

荒工废业	fōng gūng fi nyáp	仕事も学業も駄目になる
防风	fŏng fung	漢方の薬種；生薬；材料

房	fóng	兄弟の世帯
○长房	zǒng fóng	長男の家
○二房	ngì fóng	次男の家
○三房	sām fóng	三男の家
房长	fóng zǒng	家の長

fu

扶盛(兴)唔扶衰	fù sèn (hīn) m̩ fù sōi	強い者を支持し、弱い者は支持しない
扶唔得	fú m̩ det	支持できない
狐狸精	fú lí zin	悶着を起こす女性
狐狸爱走狗掭(搵)尾	fú lí òi zěu gěu bāng mī	抜け出すことができない
狐狸臊	fú lí sō	狐のにおい
胡须	fú sī	鬚
湖鳅搞鳝欼	fú ciū gǎu wàt e	似たような性格
糊壁	fú biǎk	壁に貼る；壁に塗る
○烂泥(屎)糊唔上壁	làn nái (sě) fú m̩ sōng biak	役に立たない人
苦瓜	fǔ gūa	苦瓜
苦荬	fǔ màk	野菜の一種、葉の端は苦い

虎恶唔食尾下子	fŭ ŏk m̩ sət mī hā zə̆	猛獣の虎とて自分が生んだ子まで食べない
父慈子孝	fù cə̆ zə̆ hàu	父親が慈愛の精神を持てば，子供は親孝行する
妇人家	fù ngín gā	①女性；②妻
妇人长舌	fù ngín cóng sát	女性はよく喋る
负像	fù siòng	（フィルムの）ネガ
袄头	fù těu	ズボンのウエスト
袄头带	fù těu dài	ズボンの腰ひもあるいはベルト
袄脚	fù giok	ズボンの裾
富在深山有远亲	fù cài cōm san yū yǎn cīn	金持ちになる（金持ちになって深山に住んでいても遠縁あるいは遠くの親戚がたよって来る）
赴圩	fù hi	市場に行く

fuk

| 复渣 | fuk za | 漢方；煮た薬草のくずをもう一度煮ること |

福寿双全	fuk sù sung cien	幸福と長寿
福如东海	fuk yí dūng hòi	幸せ一杯
福自天来	fuk cə tien loi	幸せは天から下さるもの

fun

昏昏粉粉	fūn fūn fǔn fǔn	頭がぼうっとする
浑	fún	夢中になる
浑多多	fún dō dō	ぼんやりする
魂魄吓走欸	fún pak hak zěu e	失神
魂飞魄散	fún bī pǎk sàn	銃撃あるいは事故による死亡
粉肠	fún cǒng	豚の小腸
分身家	fūn (būn) sən gā	財産を分ける

fung

风	fūng	風邪
风枪	fūng ciōng	空気銃
风唔净	fūng m̄ ciàng	風邪はまだ治っていない
风色	fūng sět	天気；気候
风水	fūng sǔi	風水
风水先生	fūng sǔi sēn sāng	風水の専門家

风瘫	fūng tān	①中風にかかる；②半身不随になる
风调雨顺	fūng tíau yǐ sùn	いい風；適当な雨；良い天気
风雨不改	fūng yǐ bǔt gǒi	風雨にもかかわらず予定通り実行する
蜂橱	fūng cú	養蜂箱
蜂窦	fūng dèu	蜂の巣
蜂欤	fūng e	蜂
蜂糖	fūng tóng	蜂蜜
红包	fúng bau	（赤い紙でお金をくるんだ包みもの）①お年玉；②ボーナス；③祝儀
红白寿事	fúng bak sù sə̀	冠婚葬祭
覂	fǔng	倒す
覂撇知(欤)	fǔng bět di (e)	傾けて中の物を出す

fut

窟欤	fùt ě	洞窟
佛欤	fut ě	仏像
核	fut	核

G g

ga

加	gā	プラスする；加える
加隆包	gā lung bau	麻袋；語源：マレーシア語とインドネシア語のカルング
加一件衫	gā yǐt kiàn sam	衣服を(もう1枚)着る
家风	gā fūng	家風，家訓
家教	gā gàu	家の教養
家官	gā guōn	義父
家娘	gā nyóng	義母
家生	gā sāng	職工の道具
家私	gā sə̄	家具(ベッド・椅子・机・タンス等)
家有一果园，唔愁零化钱	gā yū yit gǔo yan, ḿ seu láng fa cién	家に果樹園があれば，小遣い欠乏の心配は無用
家有千金万人求	gā yū ciēn gīm wàn ngín kíu	家に一人の美女が居れば，求婚に来る人が

		多い
假情假义	gǎ cín gǎ ngì	偽善
假精	gǎ zīn	①芝居をする；②自分は利口だとうぬぼれる
假精冇天	gǎ zīn pàng tiēn	①芝居をする；②自分は利口だとうぬぼれる
嫁老公	gà lǒ (lǎu) gung	嫁に行く
嫁鸡随鸡	gà gé suí gēi	夫に従う
嫁狗随狗	gà gěu sui gěu	夫に従う

gak

旮旯	gȧk lȧk	辺鄙
隔壁	gȧk biȧk	隣の家
隔墙有耳(公)	gȧk cióng yū ngǐ (gung)	隣の家に人が居るので秘密が漏洩する

gam

| 甘 | gām | 甘い |
| 甘人做 | gām ngín zò | 人に仕事を押しつける |

gam 70

甘愿	gām nyàn	納得する；喜んでする
甘食	gām sət	うまく食べる
甘水	gām sǔi	ラムネ；ジュース
甘饮	gām yǐm	うまく飲む
柑欬	gām e	みかん
监房	gām fong	牢獄
疳积	gām zìt	回虫病
尴尴尬尬	gām gām gè gè	情理が通じない様子
尴尬	gām gè	①人情と道理が通じない，心得ていない；②困っている
尴尬货	gām gè fò	情理が通じない人

gang

耕田阿哥	gāng tién ā gō	農民
羹	gāng	糊
羹钵	gāng bát	糊入れ(の鉢)
羹煲	gāng bō (bāu)	糊を作る鍋
羹糊	gāng hú	糊
径径径径	gáng gáng gàng gàng	よだれがたれる
哽	gǎng	喉がつまる；むせぶ

哽倒	gǎng dɑu	喉に何か刺さったように吐き出さずにはいられない
哽死	gǎng sǐ	喉がつまって死ぬ
梗(徑)跌人	gàng diět ngín	転ばされる
梗(徑)牙欸	gàng nga e	宝くじを買う
梗(徑)人	gàng ngìn	足をつっかけて人を転ばす

gap

合	gȧp	仲がいい
合(狎)人	gȧp ngín	間男する
合本欸, 做生理	gȧp bǔn e, zò sēn lī	出資して共同経営する
甲乱	gȧp lon	滅茶苦茶である
甲必丹	gȧp bit dān	キャプテン(オランダ政庁に選ばれた華人の2番目の官位)
甲瘦	gȧp sėu	非常にやせている
甲死做	gȧp sǐ zò	一生懸命にやる

gat

咭	gat	阻む

gau

交	gāu	回数
○行交欸	háng gāu e	ぐるぐる回った
○食交欸	sət gāu e	何回も食べた
交分倷	gāu būn ngái	私に下さる
交春	gāu cūn	立春
交秋	gāu ciū	立秋
交带	gāu dài	任せる
交合(交甲)	gāu gáp	往来する；付き合う；交友
交官	gāu guōn	①取り引きする；②往来する
交定头	gāu tin těu	前金を払う
交转	gāu zǒn	返す
交运脱运	gāu yùn tot yùn	幸運に恵まれた直後の悪運
教坏样	gāu fài yòng	悪い手本を示す

教精	gāu zin	上手になるよう教える
教唔得精	gāu ḿ det zīn	教えても上手にならない
教唔听	gāu ḿ tāng	教えても聞かない（従わない）
胶水	gāu sǔi	糊
胶漆相投	gāu cit siōng téu	きわめて親密；離れない
搅	gǎu	①刺激する；②邪魔する
搅造（搞燥）	gǎu càu	邪魔する
搅人	gǎu ngín	人を邪魔する
搅是搅非	gǎu sə̀ gǎu fī	双方をそそのかして紛争を起こさせる
搅死人	gǎu sǐ ngín	人を死ぬまで邪魔する
搅衰人	gǎu sōi ngín	人を邪魔して失敗させる
搞	gāu	遊ぶ
搞得欸	gau dėt e	冗談
搞手搞脚	gǎu sǔ gǎu qiok	男女間において手だし口だしをする軽率な行動
告化欸	gàu fà ě	乞食

觉	gàu	眠る
○睡一觉目	sòi yit gàu muk	一眠りする
挍	gàu	①物を交換する；②時計を調整する
靠椅	gàu yǐ	背もたれのある椅子

ge

结拉西	gē lá sī	ネクタイを付ける
个个个个	gé gé gè gè	うるさい
吤	gè	その；あの
吤条牛	gè tiáu nyú	その牛
吤摆	gè bǎi	前回
吤吤	gè gè	それ；あれ
吤兜	gè děu	それら；あれら
吤滴	gè dit	そこのところ；そこの一点；ちょっとの…
吤下	gè hà	前回
吤哩	gè le	そこ；あそこ
吤呣	gè mē	それなら
吤片	gè pién	そこ；あそこ
吤只狗	gè zak gěu	その犬；あの犬
吤只人	gè zak ngín	その人；あの人

gei

鸡飞狗走	gēi bī gěu zěu	混乱に陥った
鸡臂	gēi bǐ	鶏のもも
鸡春	gēi cūn	鶏卵
鸡到冒	gēi dō mō	鶏の脾臓
鸡窦	gēi dèu	鶏小屋；トリ小屋
鸡红	gēi fúng	鶏の血
鸡公	gēi gūng	雄鶏
鸡卿(肝)	gēi kīn	鶏の砂ぎも
鸡卵	gēi lǒn	鶏卵
鸡嫲	gēi mǎ	雌鶏
鸡毛扫	gēi mō sò（gēi māu sàu）	羽ぼうき
鸡屎朏	gēi sə fủd	鶏の尻(肛門)
鸡上水	gēi sòng sǔi	鶏の内臓(美称)
鸡翼欻	gēi yit e	鶏の手羽先

gem

□唔萨	gém ḿ săt	蓋があわない；ぴったりとしない；しまら

		ない
□盖欲	gém gòi e	蓋を被せる
□印欲	gĕm yìn e	はんこを押す
□下去	gém hā hì	蓋を被せる
□上去	gém sōng hì	蓋を被せる

gen

跟寻	gēn cím	搜す
肩扛扛	gēn gōng gōng	怒り肩；肩を張る
肩头	gēn (gian, gin, gien) tĕu	肩

geu

勾妇人家	gēu fu ngín ga	女性を誘惑する
勾惹	gēu nyā	誘惑する
沟坜	gēu lȧk	溝；堀
狗窦	gĕu dèu	犬小屋
狗古	gĕu gŭ	雄犬
狗嫲	gĕu má	雌犬
狗虱	gĕu set	蚤
狗血泼佢	gĕu siȧt pȧt kí	①ろくでなし；②厄除

		け
够摆	gèu bǎi	足りる；もう十分
够睐	gèu lǎi	恥しく見られた

gi

拘礼	gī lī	礼儀にこだわる
○唔使咹拘礼	ṃ́ sǒ ǎn gī lī	どうぞおかまいなく
拘拘礼礼	gī gī lī lī	礼儀にこだわりすぎる
饥	gī	腹がすく
○肚饥	dǔ gī	腹がすく
几时	gǐ sǝh	いつ
○几时出门	gǐ sǝh cut mun	いつ出掛けますか
○几时起身	gǐ sǝh hǐ sǝn	いつ出発しますか
○几时转	gǐ sǝh zǒn	いつ帰りますか
○几时得闲	gi sǝh det hán	いつお暇ですか
几多	gǐ do	いくつですか
几大	gǐ tài	どのくらいの大きさですか
几下	gǐ hà	いくつですか
几下只	gǐ hà zɑk	何個ですか
几久	gǐ giu	どのくらいの時間ですか

几好	gǐ hǎu	まあまあ
佢	gí	彼；彼女
佢等人	gí dēn ngín	彼等
佢兜人	gí dēu ngín	彼等
佢吖	gí (giā) gè	彼の；彼女の
记等	gì děn	覚えている
记性好	gì sìn hǎu	記憶力良好
寄雨	gì yi	雨をよける；雨宿り
锯弦欤	gì hián e	胡弓を弾く

giai

锲	giài	ナイフで切る
锲纸	giài zǎ	ナイフで紙を切る

giak

遽	giȧk	速い
遽遽行	giȧk giȧk háng	速く歩く
遽遽食	giȧk giȧk sət	速く食べる
遽遽去	giȧk giȧk hì	速く行く

giam

兼	giām	①近づく；②詰める
○企兼滴	kī giām dit	ちょっと端によって立ちなさい
○坐兼滴	cō giām dit	ちょっとつめて座りなさい
捡	giǎm	①拾う；②取る；③収める
捡钱	giǎm cién	お金を取る
捡点	giǎm diǎm	整理整頓する
捡倒哩	giǎm dau le	拾った；取った
捡转来	giǎm zon loi	取って来た
捡正	giǎm zàng le	収める
捡药	giǎm yok	薬を買う

gian

奸	giān	ずるい
奸仔	giūn zǎi	ずるい奴
间欸	giān e	部屋
艰辛	giān sin	難しい；困難

拣	giǎn	選ぶ
拣日欵	giǎn ngit e	吉日を選ぶ
拣食	giǎn sət	①食物を選ぶ；②偏食をする
○莫恁(咹)拣食	mok an giǎn sət	食物をあまり選ばないで
见人	giàn ngín	一人一人

giang

惊	giāng	①怖い；②心配
惊(怯)场	giāng (giap) cóng	試合をするとき心が落ち着かない
惊啰啰	giāng lo lo	驚く
惊烧怕冷	giāng sāu pà lāng	優柔不断
惊神惊鬼	giāng sén giāng gǔi	何でも怖い
颈茎	giǎng gīn	首
颈围	giǎng wí	襟巻
颈柱(珠)骨	giǎng zu gut	頸椎

giap

浹	giȧp	渋い

giat

刐	giàt	去勢する
刐鸡（阉鸡）欶le	giàt gēi（yām gei）le	鶏を去勢する
欮舌	giàt sat	吃り
结煭	giàt lat	傷口；かさぶた
结亲家	giàt cīn gā	婚姻によって両家の親が親戚関係となる

giau

娇	giāu	あまえる
○做娇	zò giāu	①あまえる；②だだをこねる
缴	giǎu	①育てる；②雇用する；③払う
叫	giàu（gèu）	泣く
叫啥啥	giàu（gèu）nyàn nyàn	泣き顔をしている
叫豺豺	giàu（gèu）sái sái	泣き顔をしている
叫吱	giàu（gèu）zē	めそめそする

gim

今摆	gīm bǎi (gīn bǎi)	今回
今哺日	gīm (gīn) bū ngit	今日
今哺夜	gīm (gīn) bū yà	今夜
今下昼	gīm (gīn) hā zù	今日の午後
今下	gīm (gīn) ha	今；現在
今生人	gīm (gīn) sēn ngín	この一生
今上昼	gīm (gīn) sòng zù	今日の午前
金罋(欵)	gīm āng (e)	①骨瓶；②骨壺(客家農村で見られる)

gin

茎	gīn	根っこ
○树茎	sù gīn	木の根
紧	gǐn	常に
紧系吵	gǐn hè cáu	常に騒がしくする；やかましくする
紧…紧…	gǐn … gǐn …	すればするほど…
紧行紧运	gǐn hang gǐn yǎn	歩けば歩くほど遠くなる

敬(天)神	gìn (tiēn) sən	(天)神を祭る
敬祖公	gìn zě gūng	祖先を祭る

gip

急	gip	①監督する；②しつける
急细人欶读书	gip sè ngín e tūk sū	子供をしつけ勉強させる

giok

脚	giȯk	①マージャン参加者の一人；②道具の下部（椅子の脚）
脚板	giȯk bǎn	足の裏
脚臂	giȯk bǐ	もも；太もも
脚车	giȯk cā	自転車
脚踏双板桥	giȯk tap sūng hǎn kiáu	①曖昧な態度，双方の歓心を買う；②日和見主義
脚惹惹欶	giȯk nyà nyà e	あお向けにどしんとひっくり返るさま

giok 84

脚眼(仁)	giȯk nyăn (yín)	くるぶし
脚梗	giȯk kuăng	すね骨
脚盘	giȯk pán	足の甲
脚屎腇	giȯk sə̆ màn	①足底の汚れ；②軽視する言葉
○当佢格脚屎腇都唔得	dōng kí gè giȯk sə̆ màn dū ḿ det	彼の一番だめな所にも及ばない
脚睁筋	giȯk zāng gīn	アキレス腱
脚指(趾)公	giȯk zə̆ gūng	足の親指
脚指(趾)尾	giȯk zə̆ mī	つま先
脚指(趾)罅	giȯk zə lak	足の指と指との間
镬头	giȯk téu	鋤(すき)

giong

姜嫲	giōng má	ショウガ
姜糖	giōng tóng	ショウガ飴
僵筋	giōng gīn	やせていて小柄である
僵尸鬼	giōng sə̄ gúi	骨と皮だけのようにやせている人(悪口)

git

亙	gıt	どんなに
亙好	gıt hǎu	どんなにいい

giuk

趜	giúk	追い出す
趜走	giúk zěu	追い払う
局	giuk	拘束する

giung

芎蕉	giūng ziāu	バナナ
嫌	giùng	出産する
供	giùng	①動物に食物を食べさせる；②えさをやる
供猪欸	giùng zū e	豚を飼う；豚に物を食べさせる

go

歌欸	gō é	歌

goi

该衰	gōi sōi	不運；挫折
颏下	gōi hā	あご
改	gŏi	掘り出す
改蕃薯	gŏi fān shú	薩摩芋を掘り出す
改番豆	gŏi fān tèu	落花生を掘り出す
改常	gŏi sóng	異常
盖	gòi	トップになる
盖洋毡	gòi yóng zān	毛布を掛ける
盖毡欸	gòi zān e	毛布を掛ける

gok

各打各	gók dǎ gók	それぞれ；各自でやる
各顾各	gók gù gók	それぞれのことに気を配る
各侪	gók sá	各人；各自

角菜	gók còi	ほうれんそう
角欸	gók e	コップ
角落头	gók lȯk téu	隅
角	gók	ぶつける
○分门角倒欸	būn mún gók dǎu e	門にぶつかった

gon

干	gōn	かかわる
○唔干伩事	m̩ gōn ngí sə̀	あなたと関係ない
干落去	gōn lok hì	大口で飲む
干咸菜	gōn hám còi	梅菜（日本の高菜のような漬物，干して乾いたもの）
干蚍（蜱）	gōn pī	トコジラミ：ナンキンムシ
秆	gǒn	稲わら
秆棚	gǒn páng	稲わらを干す棚
秆扫	gǒn sò（sùu）	わらで作ったほうき
秆索	gǒn sok	わらで作った紐
赶察	gǒn cu̇t	追い出す；追い払う
赶察佢	gǒn cu̇t kí	彼を追い出す
赶唔到	gǒn m̩ dàu	間に合わない

gong

赶早	gǒn zǎu	早いうちに

gong

扛	gōng	担ぐ
扛轿欸	gōng kiàu e	輿を担ぐ
扛扛钉钉	gōng gōng gòng gòng	揺れている様子
扛大伯公	gōng tài bak gūng	輿を担ぐ；元宵節に三国時代の蜀の武将関羽あるいは菩薩の輿を引きまわす
讲	gǒng	話す
讲曹操,曹操就到	gǒng cáu cāu, cáu cāu cu dàu	噂をすれば影をさす
讲人人就到	gǒng ngín ngín cuì dàu	噂をすれば影をさす
讲鬼鬼就来	gǒng gǔi gǔi cuì lói	噂をすれば影をさす
讲七讲(道)八	gǒng cit gǒng (tàu) bat	無責任なことを言う
讲古	gǒng gú	物語を話す；講釈する
讲鬼	gǒng gǔi	①幽霊の話；②作り話
讲鬼话	gǒng gǔi fà	作り話

讲去讲转	gǒng hì gǒng zon	繰り返し話す
讲三讲四	gǒng sām gǒng sì	無責任なことを言う
讲神讲鬼	gǒng sǝ́n gǒng gúi	でたらめを言う
讲笑	gǒng siàu	冗談を言う
讲牙谈	gǒng ngá tám	①むだ話をする；②雑談する
讲衰人	gǒng sōi ngín	人を軽蔑する；悪口を言う
杠欸	gōng e	①上げる；②持ってくる；③捧げる；④姿勢；⑤誇り
杠架	gòng gà	平行棒
杠拳头	gòng kián téu	こどもの遊びのひとつ（お互いににぎりこぶしをぶつけあう）
杠(降)头	gòng téu	東南アジアの巫術
钢鼻公	gòng pì gūng	鼻が高い
钢水	gòng sǔi	インク

got

割颈	got giǎng	のどを切る；自殺する
割颏	got gōi	のどを切る；自殺する

割牛肉	got nyu nyuk	牛肉屋で牛肉を買う
割猪肉	got zu nyuk	肉屋で豚肉を買う
割鸡用牛刀	got gē yùng nyú dāu	①余計な仕事をする；②やりすぎる；③必要のない手段
割禾	got wó	稲を刈る

gu

牯倒	gū dǎu	しゃがむ；うずくまる
姑丈	gū cōng	伯父；叔父
姑丈公	gū cōng gūng	婿（敬称）
姑娘	gū nyóng	修道院の女性
姑婆	gū po	伯母；叔母
孤	gū	一箇所に長い間とどまる
孤呀山肚欸	gū a sān dǔ e	山の奥に一人で住む
孤寒	gū hon	①こせこせしている；②けちである；③貧乏くさい；貧乏ったらしい
孤老	gū lǒ (lǎu)	独身；孤独
孤老鬼	gū lǒ gǔi	孤独者

咕咕咕咕	gú gú gù gù	ひそひそ話をする
古板	gǔ bǎn	①ぎこちない；②いきいきとしない；③硬い；言葉少なく
古怪	gǔ guài	①ひねくれた性格；②悪知恵にたけている
古灵精怪	gǔ lín zīn guài	①おかしい；②風変わりである
牯	gǔ	動物の雄
○牛牯	nyu gǔ	雄牛；牡牛
○猪牯	zu gǔ	雄猪
鼓	gǔ	刺す
鼓一刀	gǔ yit dɑu	ナイフで刺す
顾	gù	①じろりと見る；②めんどうを見る
顾唔得恁多	gù ḿ det an dō	あまり心配しない
顾前唔顾后	gù cién ḿ gù hèu	目先のことだけを考えて軽率に行動し、後のことを考えない
顾面皮	gù mièn pí	体面にこだわる

gua

寡	gǔa	①単独；②一品料理
呱	gúa	大声で叫ぶ
呱鸟	gúa diāu	大声で騒ぐのが好きな人
呱呱跳	gúa gúa tiàu	大声で騒ぐ
呱喇嬷	gúa lá má	大声で叫ぶ女性
剐	gǔa	①刺して破る；切って破る；②ナイフで削る
剐烂	gǔa làn	刺してぼろぼろになる
挂	gùa	気にかける
挂等伱	gùa děn ngí	あなたを心配している
挂虑	gùa lì	心配する

guai

乖	guāi	おとなしい；賢い；利口な；元気な
乖子	guāi zǝ̌	おとなしい子
拐细人欤	guǎi sè ngín e	子供を誘拐する

| 怪唔得 | guài m̩ dět | ①少しもおかしくない；②不思議ではない |
| 怪怨佢 | guài yàn kí（gí） | 彼を咎める |

guak

| 硞硬 | guak ngàng | 非常に硬い |

guang

桄	guāng	膨れる；膨らむ
咣	guáng	ドアを強く閉める音；バタン
咣咣□	guáng guáng gún	ドアを強く閉める音；バタン
梗(茎)	guǎng	茎
○菜梗	còi guǎng	野菜の茎

guat

| 𪗾烂 | guat làn | ぼろぼろ（ひどく破れたさま） |
| 𪗾乱 | guat lòn | ①大変乱れている；② |

散らかっている

gui

圭圭呱呱	gǔi gǔi gúa gúa	大声で騒ぐ
圭哩呱啦	gǔi lí gúa lá	大声で騒ぐ
鬼打鬼	gǔi dǎ gǔi	内紛；兄弟喧嘩
鬼都畏	gǔi dī wì	鬼も震える恐ろしさ
鬼画符(葫芦)	gǔi fà fú (fú lú)	書画両方とも下手
鬼话跟(搣)天	gǔi fà nùng (lǔk) tiēn	でたらめを言う
鬼摄走欸	gǔi sȧp zěu é	物をなくしたときに言う憤慨の言葉
鬼神鬼相	gǔi sə́n gǔi siòng	文句を言ったりけちをつけたりする
鬼心鬼事	gǔi sīm gǔi sə̀	意地悪；腹黒い

guk

谷	gu̇k	稲
縒	gu̇k	充実している
○恁縒个索欸	ǎn gu̇k gè sǒk e	丈夫な紐
○心恁縒个人	sīm ǎn guk ke ngín	いい知恵を持つ人

絵滴个色粟, 果欸, 　青菜	guk dit gè bāu suǐk, 　gǔo e, ciāng còi	ふっくらとしたトウモ 　ロコシ・果物・野菜

gun

滾	gǔn	沸騰する
○咚咚滾	dúng dúng gǔn	ガタンという音
滾水	gún suǐ	お湯

gung

公欸	gūng ě	動物の雄
○鶏公	gēi gūng	雄鶏
○鼻公	pì gūng	鼻
○蝦公	há gūng	えび
○蟻公	nè gūng	蟻
○碗公	wǒn gūng	碗
公婆	gūng pó	夫妻
公太	gūng tài	曾祖父
公正	gūng zə̀n	審判
功夫	gūng fū	武術
○打功夫	dǎ gūng fū	武術の稽古をする
拱	gǔng	高く上げる

贡黄	gùng wóng	黄色
贡脓	gùng nung	化膿する：うむ
唝	gùng	板を力一杯叩く音
唝唝滚	gung gung gun	ドンドン（板を叩く音）

guo

挘摸	gūo mo	変死する
挘(光)摸绝代	gūo (guōng) mō ciet tòi	悪口（変死して子孫なし）
果欨	gǔo e	果物
果作	gǔo zók	果樹
裹	gūo	包む
裹粽欨	gūo zùng e	ちまきを包む
过	gùo	…よりも
过好	gùo hǎu	もっと良い
过会	gùo woi	もっとできる：もっと上手
过倩	gùo ziang	もっときれい
过番	gùo fān	海外へ行く
过房	gùo fóng	子供を兄弟などに譲る（養子・養女）
过桥去板	gùo kiáu dīu bǎn	忘恩（木橋を渡ってか

		ら橋の板をただちに捨てる)
过身	gùo sēn	死去する

guong

光	guōng	明るい
○打光拐	dǎ guōng guái	裸
○天光欸	tiēn guōng e	夜明け
光顶	guōng dǎng	禿げ
光行	guōng háng	精通する；専門である
○唔光行	ḿ guōng háng	素人；玄人ではない
挄	guóng	殴る
○拳头挄呀去	kiǎn téu guóng nga hì	拳で殴る

gut

骨節	gùt cok	指の関節
○砧骨節	zěm gùt cok	指の節で叩く
骨头末	gùt téu mat	価値のないもの
啒	gùt	大口で飲む
啒落去	gùt lok hì	大口で(水を)飲み込む

H h

ha

下背	hā bài	下
下把	hà bǎ	たまに一回
下(一)摆	hà (yit) bǎi	次回
下番	hà fán	次回
下膈	hà gǎk	横隔膜
下下	hà hà	いちいち
下下来	hǎ hà loi	おろす
下颔(颏)	hā ngam	あご
下昼(头)	hā zù (téu)	午後
虾公	há gūng	えび
蛤蟆	há má	蛙
哈哈磅磅	hā hā bòng bòng	相手の耳が遠いため大声でたずねる
蛤蟆想食天鹅肉	há má siǒng sət tiēn ngó nyuk	妄想する(蛙が白鳥の肉を欲しがる)

hai

鞋视	hái sièn	靴型
鞋拖	hái tō	スリッパ
鞋样	hái yòng	靴型
鞋只	hái zȧk	靴
鞋踭	hái zāng	靴のかかと；ヒール

hak

核(肝)欹	hak ě	陰嚢
核(肝)卵	hak lǒn	陰嚢

ham

咸	hám	欲張る
○莫恁(咹)咸	mok ǎn hám	欲張らないで
○水咸菜	sǔi hám coì	客家のみずっぽい白菜の漬物
○臭风咸菜	cù fūng hám coì	長く漬けすぎた漬物
咸菜干	hám coì gōn	日本の野沢菜のような漬物

ham 100

咸菜瓮	hám còi wùng	漬物の容器；甕(かめ)
咸歘(鱼)	hám ě (ən)	塩漬魚
咸过头	hám gùo téu	しょっぱすぎる
咸唔咸, 淡唔淡	hám m̩ hám, tām m̩ tām	薄味
衔头	hám téu	肩書
喊	hàm	叫ぶ；呼ぶ
喊天天不应, 喊地地无声	hàm tiēn tiēn bǔt yìn, hàm tì tì mó sāng	窮地に陥る
喊佢个名	hàm kí kè miáng	彼の名を呼ぶ
喊(做)脉个名	ham (zo) mak ke miáng	何という名前ですか
喊佢转来	hàm kí zǒn loi	戻って来るように呼んでくれ

han

还细偷针, 大歘偷钱	hán sè tēu zēm, tài e tēu cién	幼い時から正しい教育を受けなければいけない (小さい時, 針を盗む習慣があったら, 大人になった時,

		お金を盗む)
闲嫽(个人)	hán liàu（gè ngín）	仕事をしない(人)
闲钱	hán cién	しばらく使わないお金
闲时	hán sə̆	普段

hang

坑	hāng	溝
坑圿	hāng lȧk	溝
行	háng	歩く
行等	háng děn	進んでいる
行唔春差	háng ḿ cun ca	うまくいっていない
行嫁	háng gà	お嫁に行く
行街	háng giai	街をブラブラ歩く
行兼	háng jiām	道路の内側に寄る
行人唔前	háng ngín ḿ cién	付き合いにならない；軽蔑される
行嫽	háng liàu	遊ぶ
行衰运	háng soı yùn	不運
行通	háng tūng	大便
行往	háng wōng	往来；交際
○唔怕两家人管束,只怕两人无	ḿ pà lióng gā ngín guǒn suk, zə pà	両親から束縛を受けても二人の交際を止め

hang 102

行往—山歌	lióng ngín mó hang wōng — sān gō	られない—恋歌

hap

痟	háp	ぜんそく
○发痟	bót háp	ぜんそくを患う
狭	háp	狭い
○间欻恁狭	giān ě an háp	部屋が狭い

hat

瞎眼欻	hát nyǎn ě	忘恩の徒
瞎眼珠	hát nyǎn zū	忘恩の徒
瞎眼狗	hát nyǎn gěu	忘恩の徒
瞎眼狗, 唔识人	hát nyán gěu, ḿ sət ngín	恩知らず（忘恩の徒はめくらの犬のように飼主を知らない）
瞎锤	hat cúi	くしゃみをする

hau

好彩(事)	hǎu (hǒ) cǒi (sə̀)	幸いにも
好彩有人蹾手	hǎu (hǒ) cǒi yū ngín tèn sǔ	幸いにも手伝ってくれる人がいる
好彩着(中)头标(彩)	hǎu (hǒ) cǒi còk (zùng) těu biāu (cǎi)	幸運にも1等の宝くじが当たった
好到尾	hǎu dàu mī	末長く続く友情
好得	hǎu dèt	幸いに
好得佢来	hǎu dèt ki loi	幸いにも彼が来る
好滴滴	hǎu (hǒ) dit dit	元気で何の障りもないが…
○秋晡日还好滴滴欸,今晡日就过身欸	cīu bū ngit hán hǎu dit dit e, gīm (gīn) bū ngit cìu gùo sēn e	昨日まだ元気だったのに、今日突然亡くなった
好搞	hàu gǎu	遊んでばかりいる；遊びに夢中になる
好记才(性)	hǎu gì cói (sìn)	記憶力がよい
好汉不食(受)眼前亏	hǎu hòn bǔt sət nyǎn cién kūi	忍耐強く目前の損を避ける

好滥	hǎu lǎm	①非常に不良；②軽率な
好命	hǎu miàng	運良く
好马唔食回头草	hǎu mā ḿ sət fí těu cǎu	良馬は通り過ぎた門の草を食べない
好闹	hàu nàu	お酒落
好学唔学	hǎu hòk ḿ hòk	習うべきものではない（賭博などを習うことを指す）
好愁唔愁, 愁六月无日头	hǎu séu ḿ séu, séu liùk nyat mó ngit téu	余計な心配をする必要はない（6月に太陽が必ず出るので心配は無い）
好食	hǎu sət	美味しい
好食	hàu sət	食い意地が張っている
好食懒（做）	hàu sət lān (zò)	食べる事だけが好きな怠け者
好事	hǎu sə̀	冠婚
○做好事	zò hǎu sə̀	冠婚を行う
好事不出门, 恶事传千里	hǎu sə̀ bǔt cut mun, ók sə̀ cón ciēn li	①好事門を出でず悪事千里を行く；②悪事千里に伝わる
好死唔死	hǎu si ḿ si	いやな奴が死なない

好心着(招)雷打	hǎu sīm còk (zɑu) lúi dǎ	親切が逆に悪意のものと誤解される
好头不如好尾	hǎu téu bǔt yí hǎu mī	有終の美
好(恁)做家	hǎu (ǎn) zò gā	家事が上手

he

啄	hē	嘆く
系	hè	…だ；…である
系唔系？	hè ṁ hè	…ではないですか
系姆？	hè mē	そうですか
系无？	hè mó	そうではないか

hem

唅(喊)	hēm	叫ぶ
唅(喊)天唅(喊)地	hēm tien hēm tì	神に祈願する
含	hém	口に含む
含榄欤	hém lǎm e	カンランを口に含む（カンラン＝オリーブ）
□烧	hèm sɑu	非常に熱い；高熱

hen

很	hēn	におい
○臭尿很	cù nyàu hēn	小便のにおい
恒	hén	ぴんと張っている
○结恒滴	gē hén dit	ちょっと強く結ぶ
肯	hěn	承知する
○唔肯	ḿ hěn	承知しない
○唔肯去	ḿ hěn hì	行きたくない
○唔肯做	ḿ hěn zò	したくない

hep

□	hep	火力が強い
□□滚	hep hep gǔn	火力が強い

het

歇	hèt	住む
黑天	hēt tien	無知

heu

猴哥(牯)	héu gō (gǔ)	猿
猴哥精	héu gō zīn	いたずらっ子；狡猾な人；ずるがしこい人
猴牯弄	héu gǔ lǔng	猿回し
喉连	héu lién	喉
口澜(水)	hěu lān (sǔi)	唾液
口唔对心	hěu ḿ dùi sīm	言うことと考えていることが裏腹であること
后背	hèu bòi	後
后来婆	hèu lói pó	後妻(蔑称)
后来姆	hèu lói mē	まま母
后日	hēu ngit	あさって
后娘	hèu oi	まま母
后生	hèu sāng	若い
后生阿哥	heu sāng ā go	若者
后生人(欸)	hèu sāng ngín (e)	若者
后生拐	hèu sāng guǎi	若者

hi

圩	hī	市
圩日	hī ngit	市の立つ日
许福	hi fùk	神にお願いする
起火	hǐ fó	火をおこして炊事をする
起价	hǐ gà	値上げ
起筷	hǐ kuài	箸を使っておかずを取る
起病	hǐ piàng	病気になる
起漂	hǐ piàu	皮膚にまめか水ぶくれができる
去	hì	行く
去哩(欸)	hì le (e)	行った
气差气急	hì cā hì gǐp	息が切れる

hia

□	hià	開く；開ける
○脚□□	giǒk hià hià	両足を開く

hiam

馦	hiām	小便のにおい
嫌	hiám	文句を言う
嫌七嫌八	hiám cit hiám bat	ごちゃごちゃ文句を言う

hian

贤	hián	親孝行する
贤孝	hián hàu	親孝行する
贤女敬夫	hián ən gìn fū	賢い女性は夫を尊敬する
弦欤	hián e	胡弓
弦线断欤	hián sièn tōn e	楽器の糸が切れた；妻が亡くなった
显目	hiǎn mủk	人目を引く；目立つ

hiang

炫	hiǎng	見せびらかす
蚖公	hiǎng gung	みみず

hiap

胁	hiáp	ためる
胁钱	hiáp cién	お金をためる
胁下	hiáp hā	脇
胁毛	hiáp mau（mo）	脇毛
胁尿	hiáp nyàu	小便を我慢する

hiat

歇	hiát	住む；泊まる
歇店	hiát diàm	モーテル；小さな旅館
歇两暗哺	hiát liǒng àm bū	二晚泊まる
歇业	hiát nyáp	営業停止する；休業する
歇夜	hiát ya	泊まる
歇一哺夜	hiát yit bū yà	一晚泊まる

hiau

梟	hiāu（hiēu）	騙す
姣	hiāu（hiēu）	色気のある；なまめか

		しい
姣(嬈)嬤	hiāu (hiēu) ma	みだらな女性(軽蔑の言葉)
姣(牛)嬤	hiāu (hiēu) (nyú) ma	みだらな女性(軽蔑の言葉)
晓	hiɑu	①できる；②わかる
晓得	hiǎu det	①できる；②わかる
晓讲英文	hiǎu gǒng yīn wún	英語が話せる
晓唔晓？	hiǎu ḿ hiǎu	できるか
○唔晓	ḿ hiǎu	できない
翘	hiàu	上に向く
翘尾	hiàu mī	尻を上げる(狂犬のように)

hin

兴	hīn	流行
兴头	hìn téu	興味
娱	hín	興奮する

hio

靴	hiō	長靴

hiong

香枧	hiōng gian	化粧石鹸
香港脚	hiōng guǒng giok	水虫
香豆干	hiōng tèu gōn	油揚げ
乡贤	hiōng hián	①村の賢人；②徳行のある人
饷	hiǒng	軍隊の食料
○打饷	dǎ hiǒng	食料を配る
响声	hiǒng sāng	大声を出す
○唔响声	ḿ hiǒng sāng	声を出さない

hip

翕	hip	なめる；いじめる
翕人	hip ngín	人をいじめる；なめる
○唔好翕人	ḿ hǎu hip ngín	人をいじめるな
熻	hip	蓋をして長く茹でる
○黄豆熻久滴, 正会绵	wóng tèu hip gǐu dit, zàng wòi mién	黄豆をちょっと長く茹でると柔らかくなる
○亢阳天, 着忒过厚吓衫, 会熻坏	kòng yóng tiēn, zok dit gùo pūn gè sām,	炎天下に厚過ぎる衣服を着ると体を壊す

| 身欻 | wòi hip fài sēn e | |
| 熻烧 | hip sāu (sēu) | 蒸し暑い |

hiuk

| 畜 | hiùk | 飼う |
| 畜猪 | hiùk zū | 豚を飼う |

hiung

凶	hiūng	いたずらである
凶孱	hiūng càn	いたずらである
凶鬼	hiūng gǔi	いたずらっ子(軽蔑)；腕白小僧
雄	hiúng	①(体が)丈夫な；②(地位が)高い；③商売繁盛；④目立つ

ho

河坝	hó bà	①河川；②砂浜
河中心	hó dùng sim	河の中央部分
河溪	hó khī (hī)	銀河

河唇	hó sún	川ばた
河猪(箭)	hó zu (zièn)	ハリネズミ
荷兰葱	hó lán cūng	たまねぎ
荷兰薯	hó lán sú	ジャガイモ
荷兰水	hó lán sui	ラムネ；ソーダ(炭酸)水
荷兰豆	hó lán tèu	隠元豆(いんげん)

hoi

嗨	hōi (hok)	…に
嗨屋家(下)	hōi wǔk gā (hà)	家に居る

hok

学到老,学唔足	hok dàu lau (lo), hok ḿ ziuk	学ぶことは年を取っても足りない
学到会	hok dàu woi	できるまで学ぶ
学唔得精	hok ḿ det zin	上手になることは容易ではない
学话	hok fà	赤ちゃんが言葉を学ぶ
学坏三朝(日),学好三年	hok fài sām zāu (zēu) (ngit), hok	悪いことは3日間でできるがいいことは3

	hǎu sām nyán	年間必要
学佬话	hok lǒ (lǎu) fà	潮州・汕頭の方言
学佬古	hok lǒ (lǎu) gu	潮州・汕頭の人
学佬人	hok lǒ (lǎu) ngin	潮州・汕頭の人
学人知	hok ngin di	人に知らせる
学跳皮	hok tiàu pí	いたずらを覚える
学堂	hok tóng	学校
寒罗罗	hōn lō lō	寒い
寒天	hón tiēn	寒い日；寒い天気
早塘	hōn tóng	養殖用の池を乾かす（池の中の泥を取って肥料として田圃で使う）
寒毛菇	hón mō (māu) gū	うぶ毛

hong

䅟耳	hong ngí	垢がついている耳
䅟	hǒng	酸化した味；におい
○皐䅟	cù hong	酸化した味；におい
巷欳	hòng e	横町；路地
跣	hòng	起き上がる
跣床	hòng cóng	起床する

I i

i

依依依依　　　　ｉｉｉｉ　　　　　　　赤ちゃんの鳴き声

K k

ka

卡	ká	①痰を吐く；魚の骨を口から出す；②遮る
卡出来	ká cut lói	吐く；出す
卡路	ká lù	道を遮る

kai

挨	kāi	担ぐ
挨担欸	kāi dām e	担ぐ；担う；負担する
挨水	kāi sui	桶の水を担ぐ
挨	kǎi	①いばっている；②鼻高々である

kak

搿	kak	強くつかむ
搿死哩	kak sǐ le	絞め殺した

kam

𭃟	kǎm	押す
○脚分石头𭃟等欬	giǒk būn sàk téu kǎm děn e	足が落石に押さえられる
堪堪坷坷	kǎm kǎm kó kó	ひっきりなしに咳き込む
勘勘欸愽	kàm kàm e zūn	寒さのあまり震える

kap

磕	kap	ぶつける
磕烂	kap lan	叩いて潰す
磕死佢	kap sǐ ki	ぶつけて死なせる

kat

| 嘎 | kat | ナイフで強く切る |
| 嘎等欬 | kat děn e | ①切っている；②ひっかかっている；③巻きつけられている |

kau

交	kāu	鉄線でしばる
敲	kòu	打つ；殴る
拷	kòu	打つ
拷醒	kòu siǎng	殴られた後悟る
考尾名	kǎu mī miáng	試験合格者最後の一名

ke

契哥	kè gō	情夫
契纸	kè zə	契約

ken

凝	kén	①固くなる；②鈍くなる；③頭の回転が悪い
哏	kěn	怒る
○佢异哏	ki yi kěn	彼は非常に怒る
○莫哏个来	mok kěn gè lói	怒らないでくれ
哏嘟嘟	kěn dù dù	怒る

keu

扣	kēu	紙幣（単位）
○一扣钱	yit kēu cién	一円
扣牯	kèu gǔ	情夫
扣肉	kèu nyủk	梅州焼肉（梅県客家料理）
扣针	kèu zə̄m	ピン

ki

企	kī	立つ
企橱	kī cú	戸棚
企堂	kī tóng	昔の学校での生徒に対する罰則
○罚企堂	fàt kī tong	学生を罰として立たせる
岖	ki	険しい
○山恁岖	sān án kī	山が大変険しい
奇	kí	おかしい；奇妙だ
○罕奇	hán kí	非常におかしい

kia

掎	kía	上げる
掎棍欸	kía gūn e	棒を持ち上げる
睎	kía	見開く
○眼珠睎恁(咹)大	nyǎn zū kía ǎn tài	見開く
蹄	kìa (hìa)	両足を開く
○两脚蹄开	liǒng giǒk kìa (hìa) kōi	両足を開く
蹄得过个个沟沥	kìa (hìa) det gūo gè gè gēu lak	あの小さい渓流(小川)を飛び越える
蹄须笔	kìa sī bit	バサバサになった毛筆

kiak

屐	kiak	下駄
屐欸	kiak e	下駄
屐只	kiuk zǎg	下駄

kiam

钳欸	kiám e	ペンチ

kiam

欠想	kiàm siŏng	配慮が足りない

kian

牵	kiān	繋がる：連れる
牵等欹	kiān den e	繋がっている
牵线	kiān sièn	二人の恋愛を成功させるためにいろいろ工夫する
牵新娘	kiān sīn nyǒng	旧式の結婚式で新郎が新婦の家から嫁を連れてくる
拳头粄	kián téu bǎn	こぶしのようなお菓子
虔诚	kián sə́n	誠意
健	kiàn	元気である

kiang

轻骨头	kiāng gut téu	ろくでなし
轻了身	kiāng le sən	分娩をすませた
擎	kiáng	さす
擎遮欹	kiáng za e	傘をさす

kiap

怯	kiáp	①卑怯；②こわい；③おそれる；④緊張する
怯场	kiáp cóng	緊張する

kiat

竭	kiat	懸命にもがく；あがく；なんとかしようと必死になる
○尽竭	cìn kiat	ヒステリーの発作を起こす
竭命	kiat miàng	一生懸命にやる
竭生竭死	kiat sang kiat sǐ	大変苦労する；四苦八苦
竭上竭下	kiat song kiat hā	苦労する
缺牙猪牯	kiat ngá zu gǔ	歯のない口
缺鼻	kiat pì	鼻が壊れる
缺嘴（哉）	kiat zòi	三つ口；兎唇

kiau

侨伯	kiáu băk	年配者の華僑に対する

		敬称
侨情	kiáu cín	華僑の社会情況
侨贤	kiáu hián	華僑社会における立派な人物
侨领	kiáu liǎng	華僑の指導者
侨社	kiáu sā	華僑の団体
侨生	kiáu sēn	外国生まれの華僑（インドネシアではよく使われる名称）
侨团	kiáu tón	華僑の団体
乔	kiáu	子供がだだをこねる；甘える

kim

厱	kìm	勤勉である
揿	kìm	押す
揿钉	kìm dāng	押しピン；画鋲
揿得头来尾又翘（当）	kìm det těu lói mī yu hiàu (dang)	一度に両方やることはできない（前の部分を押したら後の部分が上がる）

kioi

癐	kiòi	くたびれる

kip

及	kip	束縛する(大人が子供に対して)

kit

极	kit	狭い
极欸	kit e	腫れ物；皮膚のでき物

kiu

舅公	kīu gūng	伯父；叔父
舅姆	kīu me	伯母；叔母
球板	kǐu bǎn	ラケット
球鬼	kíu gǔi	素晴らしい球技選手
球欸	kíu e	ボール
球运	kíu yùn	試合の運

旧个唔去, 新个唔来	kiu ge ṁ hi, sin ge ṁ loi	古い物を捨てないと新しい物が来ない
旧菜	kìu còi	夕食に食べ残したおかず
旧饭	kìu fān	夕食に食べ残したご飯
旧历	kìu lak	陰暦；農暦
旧年	kìu nyán	去年
旧事	kìu sə	過去のこと
旧屋	kìu wak	古い家

kiuk

曲	kiủk	曲がっている
曲(菊)	kiủk	紅色の麹米
曲尺	kiủk cảk	ピストル
局	kiủk	制限する
○细人欸 局得唠死唔好	sè ngín e kiùk det an si ṁ hau	子供に対してあまり束縛するのはよくない

kiun

近近欸	kiūn kiūn e	近いところ
近	kiùn	接近する
近前(来)	kiūn cién (loi)	近くに寄る

近时	kiùn sə	最近
近朱者赤, 近墨者黑(乌)	kiùn zu za cak, kiùn met za het (wu)	朱に交われば赤くなる, 墨に交われば黒くなる

kiung

穷过狗	kiúng gùi gĕu	赤貧
穷鬼像	kiúng gŭi siòng	貧乏人の様
穷到底	kiúng dàu dăi	非常に貧しい
穷到死	kiúng dàu sĭ	死ぬまで貧乏である
共房	kiùng fóng	結婚した兄弟の中の一家族が自分の一兄弟の家族と一緒に囲屋に住むこと
共家	kiùng ga	一つの家に一緒に住む
共间	kiùng gian	同じ部屋に一緒に住む
共屋	kiùng wuk	同じ家に一緒に住む
共姓	kiùng siàng	同じ姓名
共井	kiùng ziăng	同じ井戸を使う

ko

呵	kó	叱る

呵人	kó ngín	人を叱る
呵呵霸霸	kó kó bà bà	言動が凶暴である

koi

开表	kōi biāu	宝くじの抽選
开花会	kōi fa fì	宝くじの抽選会
开伙食	kōi fǒ sət	食事をする
开赌(场)	kōi du (cong)	賭博の許可を貰って，賭博の店を経営する
开气白泻	kōi hi bak sia	あくびをする
开球	kōi kǐu	サーブをする
开硬弓	kōi ngàng giūng	無理にさせる
开声	kōi sāng	発言をする
开土库	kōi tǔ kù	店を経営する
开喙(嘴)	kōi zòi	話す

kok

榷(呀去)	kòk (a hì)	①ぶつける；②叩く

kon

看大蛇疴屎	kòn tài sá ō sə	世界の様々なことを見る

kong

蜾欼	kōng ě	どぶ貝；からす貝
蜾蛞欼	kōng kàu ě	どぶ貝；からす貝
囨	kòng	支える
炕（下来）	kòng (ha lói)	横になる
炕	kòng	火で乾燥させる

ku

齁齁响	kù kù siǒng	いびきをかく
齁天齁地	kù tiēn kù tì	グーグーといびきをかく
苦（哩）一生人	kǔ (le) yit sen ngín	一生涯苦しい
苦碌命	ku luk miàng	苦しくて平凡な運命

kuai

筷只	kuài zak	箸

kuai 130

| 筷欤 | kuài e | 箸 |

kuan

掼(攟)	kuàn	背負う
掼(攟)书包	kuàn sū bāu	学生カバンを背負う
掼(攟)	kuàn	妊娠する
掼(攟)大肚	kuàn tài dǔ	妊娠する

kuat

| 哷 | kuȧt | 叱る |

kung

| 空心肚 | kūng sīm dǔ | 空腹 |

kut

| 髡(鶀) | kut (kuȧt) | 禿 |

L l

la

拉(逻)	lá	①観察する；視察する；②見舞いに行く；③訪問する
拉(逻)妹子	lá mòi zǎ	新婦の家族が新郎の家を訪問する
拉(逻)山脚	lá sān giȯk	敵の地勢；他人の秘密を調べる
拉须	lá sī	ネクタイ
逻井	lá ziǎng	客家の結婚式の後，高齢者と子孫の多い婦人がお嫁さんを井戸のところまで案内して，人々にあめを上げる習俗(新しい環境に慣らすため)
蜊蜞	lá kía	クモ
蜊埼网(丝)	lá kía miong (sə)	クモの巣

| 拉起来 | là hi loi | 水中からすくい上げる |
| 罅 | lǎ | ほころび |

lai

溇(尿)	lái (nyàu)	小便を失禁する
睞	lǎi	ちらりと見る
孻欻	lài ě	男の子
孻欻人	lài ě ngín	男の子
赖	lài	とがめる
赖人	lài ngín	①他人に対して不平を言う；②恨む
赖别人	lài piēt ngín	①他人に対して不平を言う；②恨む
赖地眠	lài tì mín	何も敷いていない地面に寝る

lak

圿	lák	小さな川；溝；堀
○支排圿(尺)	zə pai lák (cák)	女性性器の割れ目
○屎忽圿	sə̄ fùt lák	肛門
叻(圿)滚	làk gǔn	①非常に熱い，ひどい

		熱；②急ぐ
刐西瓜	lak sī gūa	西瓜を切る（切って割る）
疠欼	lak e	皮膚のでき物

lam

揽欼	lām ě	かご
○竹揽欼	zŭk lām e	竹かご
榄欼	lǎm e	カンラン；オリーブ
褴（襤）鬼（教員）	lǎm gǔi (gàu yán)	貧乏らしい顔・格好；貪欲な教員（海外で教師をけなす意味を帯びた語）
襤三	lǎm sǎm	油断；不注意

lan

懒鬼	lan gǔi	怠け者
懒人多屎尿	lān ngín dō sə̌ nyàu	怠け者がよく口実を言って怠ける
懒尸	lān sə́	怠ける
懒尸古	lān sə́ gǔ	怠け者（男）

懒尸嬷	lān sə̂ má	怠け者（女）
懒透透	lān těu těu	怠けるさま
烂	làn	①ぼろぼろ；②下劣である
烂疤	làn bā	化膿した傷
烂疤欸	làn bā e	傷あと
烂灯盏	làn dēn zǎn	こわされた古いランプ
○拣来拣去拣到烂灯盏	gián lói gián hì gián dàu làn dēn zán	いろいろ選んで，結局悪い配偶者を選んだ（結婚前，相手の選択にこだわる）
烂货	làn fò	不倫関係を持つ女性に対する批判
烂鬼	làn gǔi	チンピラ；ならずもの；無頼漢
烂烂掼掼	làn làn kuàn kuàn	ぼろぼろである
烂泥糊唔上壁	làn nái fú ḿ sōng biák	見込みまたは望みがない
烂屎不通	làn sə̂ bùt tūng	①文化水準が低い；②文章は間違いだらけ
烂铜烂铁	làn túng làn tiĕt	役に立たない古い銅や鉄
烂屋（家）	làn wák (gā)	ぼろぼろの（古い）家

烂仔	làn zǎi	ぶらぶらして正業につかない者；ならず者；無頼漢

lang

冷目	lāng mủk	風疹
○发冷目	bǒt lāng mủk	風疹にかかる
冷水	lāng sủi	生水
冷锅死灶	lāng wok sǐ zàu	怠けて炊事をしない
冷滑滑	lāng wảt wảt	冷ややかである；冷酷である
冷浸浸	lāng zìm zìm	冷たさや恐ろしさが身にしみる
伶俐	láng lì	清潔
伶伶俐俐	láng láng lì lì	清潔
晾(拎)	láng	陰干しにする
晾衫	láng sam	衣服を陰干しにする
零	láng	…くらい
○四十零岁	sì səp láng sè	40歳ぐらい
零零钉钉	láng lang dāng dāng	ばらばらである
零零生生	láng láng sāng sāng	こまごましている；まとまりがない

吟(吟)矿(矿)	lǎng (lǎng) guǎng (guǎng)	発育期の少年の背は高く痩せている
另(一)摆	làng (yìt) bǎi	次回
另居	làng gi	他処に住む
另日	làng ngit	他日；近いうち
另事	làng sèh	これ以外に；別に

lap

腊	lap	とる
腊食	lap sət	他人の家で食事させてもらう
邋邋遢遢	lap lap dap dap	衣服をきちんと着ていない

lat

瘌	lȧt	かさぶた
○脱瘌	tŏt lȧt	かさぶたがはがれ落ちる
瘌擦欸唔成事	lȧt cȧt é ḿ sáng sèh	失敗した
烼	lȧt	高熱

○ 镬头焫	wok téu lát	鍋が熱過ぎる
○ 火气恁焫	fó hì an lát	激怒
○ 饭烧焫	fàn sāu lát	ご飯が焦げる
焫翻	lát fān	転倒する
焫焫翻	lát lát fan	転倒する

lau

捞	lāu (lō)	①かき混ぜる；混ぜ合わす；②人と一緒に居ること；③遊ぶ
○ 绿豆捞饭食	liuk tèu lāu fàn sət	緑豆にご飯を混ぜて食べる
○ 唔捞人	ḿ lāu ngín	人と一緒にいたくない
捞花街	lāu fā giai	繁華街で遊ぶ
捞夹	lāu gap	よく混ぜる
捞(里)七八夹	lāu (li) cit bat gap	まぜこぜにする
捞食	lāu sət	他人の家で食事したがる
跻	lāu	旅行する；参観する
跻地方	lāu tì fōng	あるところへ旅する
劳伩同催买滴葯	láu ngí tung ngái māi dit yok	ご面倒ですが薬をちょっと買ってくれますか

劳呀欸	láu à é	ちょっとすみません；よろしく
劳照	láu zàu	いらいらして気持ちが乱れる
劳劳照照	láu láu zàu zàu	いらいらして気持ちが乱れる
老伯姆	lǎu bǎk mē	おばさん
老鼠粄	lǎu cǔ bǎn	お米で作ったおやつ（ねずみのフンの形に似ているため，この名がつけられた）
老斗	lǎu děu	年配者に対する蔑称
老货	lǎu fò	年配者に対する蔑称；または老人をからかう言葉
老妇人家	lǎu fù ngín ga	老けた女性
老妓	lǎu gǐ	娼婦
老妓婆	lǎu gǐ pó	娼婦
老姑婆	lǎu gū pó	オールド・ミス；老嬢
老古舌声	lǎu gū sat sāng	古い言葉；昔から伝わる言葉
老鬼	lǎu gǔi	年寄りに対する蔑称
老公	lǎu gūng	夫

老气	lǎu hì	しっかりしている；老練である
老蟹	làu hǎi	蟹
老哩学吹笛吹去脚跳跳	lǎu lě hòk cōi fǎk cōi hì giòk tiàu tiàu	年取ってから笛を習い始めたので大変辛い
老溜鳖	lǎu līu biět	海千山千；したたか者
老麦粄	lǎu mak bǎn	まだ精製していない小麦粉に砂糖を混ぜて蒸したもの
老米	lǎu mǐ	古米
老妹	lǎu mòi	妹
老妹婿	lǎu mòi sè	義弟（妹の夫）
老嫩大细	lǎu nùn tài sè	老幼（老人，子供）
老婢	lǎu pī	旧時の女中
老婆	lǎu pó	妻
老神	lǎu sən	気を付けて：注意しなさい
老实伯	lǎu sət bǔk	正直な人
老大伯	lǎu tài bǎk	おじさん（年配の男性に対する敬称）
老弟(娣)心舅	lǎu tāi sīm kīu	弟；妹；弟の嫁（妻）
老缘	lǎu yán	愛人関係

老支鳖	lǎu zē biėt	婆あ！(年を取った婦女に対する蔑称)
涝	làu	まばらである
○鱼网唔好忒涝，鱼欸会钻出来	ń miǒng ḿ hǎu tiet làu, ń e wòi zòn cǔt lói	魚網の目が粗いので、魚が採れない
捞七八夹	lāu cít bǎt gǎp	めちゃくちゃに混ぜる
老支琢琢	lǎu zē dȯk dȯk	傲慢な
佬	lǎu	(接尾辞)
○肥佬	pí lǎu	太っている人

le

| □出来 | lé cút lói | 出す |
| ○舌嫲□出来 | sāt má lé cút lói | 舌を出す |

lem

| □□ | lěm ceh | (擬声語) |
| ○钹欸□□□□ | pāt e lěm cěh lěm cěh | 楽器・鈸(ばち)の音 |

lep

粒	lép	こっそり盗む
粒钱	lép cién	お金を盗む
笠帽	lép màu	竹製のかぶり笠

let

勒	let	抱く
勒西瓜	let sī gūa	西瓜を抱く

leu

搂	lēu	触れる；触る；なでる
搂嘴噉笃	lēu zòi ngām duk	顎をなでた
娄	léu	瘤；でき物
○头上撞到一个娄	téu hòng còng dǎu yit gè léu c	ぶつけて頭に瘤ができた
搂搂敨敨	léu léu těu těu	①怠慢である；②集中力に欠ける
搂敨	léu těu	①怠慢である；②集中力に欠ける

陋陋漱漱	lèu lèu sèu sèu	①汚い；②整然としていない
陋漱	lèu sèu	①汚い；②整然としていない
○间都哩陋漱	giān dǔ le lèu sèu	雑然とした室内
漏颏	lèu gói	よだれ

li

理滔滔欸	lī tāu tāu é	雄弁
鲤欸	lī e	鲤
利利粗粗	lì lì cə̄ cə̄	粗野
利粗	lì cə̄	粗野
利利市市	lì lì sə̀ sə̀	①縁起がよい；②商売繁盛
利市	lì sə̀	①縁起がよい；②商売繁盛

liak

| 悧 | liak | 聡明 |

liam

鎌欸	liám ĕ	鎌
潋	liăm	水が乾く
○田哩个水潋欸	tién le gè sŭi liăm e	水田の水が乾いた

liang

亮（靓）	liàng	美しい；きれい
○老妹生得亮	lău mòi sāng det liàng	きれいな妹

liap

擸	liáp	①（歯の）すきまにつまる；②隠す
擸牙齿	liáp ngá cŏ	歯のすきまにつまる

liau

撩	liāu	ほじくり出す
○用牙签撩牙齿	yùng ngá ciām liāu	楊枝で歯のすきまをほ

	ngá cǎ	じくる
○官位撩撇哩	guōn wì liǎu pět e	官位がとられた
撩滴白树油	liāu dit pak sù yú	ちょっと白樹油(発汗薬)を塗りなさい
撩	liáu	いたずらをする
了	liǎu	①使い尽くす；②倒産する
了身家	liǎu sǎn gā	家財を使い尽くす
○店欸了撇哩	diam e liǎu pet le	店が倒産した
了钱	liǎu cién	浪費する；お金を無駄に使う
嬲	liàu	遊ぶ；雑談する
○来俚屋家嬲	lói ngá wuk gā liàu	私の家に来て話しあう
嬲礼拜	liàu lī bài	日曜日にのんびりしている

lien

| 裢 | lién | 縫う |

lim

| 临暗 | lím àm | 夕方；たそがれ |

临夜	lím yà	夕方；たそがれ
淋	lím	水をやる
淋花	lím fa	花に水をやる
淋菜	lim còi	野菜に水をやる

lin

鳞光筋尽	līn guōng gīn ciàng	①使い尽くす；②一つものこらず
鳞鳞踖踖	līn līn cīn cīn	よろよろ歩く
○行路鳞鳞踖踖	háng lù līn līn cīn cīn	よろよろ歩く
邻舍	lín sà	隣りの家
遴	lín	順番
遴等来	lín dén lói	順番を待つ
屄鸟鸟	lĭn diāu diāu	男性性器が見える
屄欤	lĭn e	男性性器
屄棍(气象)	lĭn gùn（hì siòng）	①男性性器；②無作法な奴
屄棍头	lĭn qùn téu	無作法な奴
屄毛	lĭn mau（mo）	陰毛
屄屎	lĭn sə	精液
屄屎闪	lĭn sə sam	だめな奴

liong

凉茶	liōng ca	夏のお茶，例えばなつめ・枸杞(くこ)・菊などにお湯を注ぐ漢方のひとつ
两公婆	liǒng gūng pó	夫婦
两兄弟	liǒng hiūng tì	兄弟
两姊妹	liǒng zǐ mòi	姉妹
两片	liǒng biěn	両(辺)側
两清	liǒng cin	清算する
两析	liǒng sȧk	二つに割れる
○西瓜破呀两析	si gūa pò a liǒng sak	西瓜を二つに割る
两手	liǒng sǔ	武術ができること
○有两手	yū liǒng sǔ	武術ができること
两头蛇	liǒng téu sá	①ずるい人；②裏のある人
两子阿爸	liǒng zě ā bā	父子
两子阿舅	liǒng zǎ ā kīu	妻の弟といとこ
两子娘	liǒng zǎ ōi	母親とその子供
两子且姆	liǒng zǎ cīa mē	夫婦の母親
两子嫂	liǒng zǎ sǎu (sǒ)	相嫁

| 两子叔 | liǒng zə̌ sùk | 伯父・叔父と甥（父方の） |
| 两子爷 | liǒng zə̌ yá | （两子阿爸と同様）父子 |

lit

| 力 | lit | 殴り合いをする |
| ○敢同佢力一下 | gǎm túng gí lit yit hà | 彼と殴り合う勇気がある |

liuk

| 六十六, 学唔足 | liùk səp liùk, hòk ḿ ziùk | 66歳になっても習う；学ぶことはまだ沢山ある |

liung

跾	liung	走り回る；むやみやたらに走る
跾去跾转	liūng hì liūng zǒn	走り回る；むやみやたらに走る
跾上跾下	liūng sōng liūng ha	走り回る；むやみやた

liung 148

		らに走る
龙	liùng	誘惑する
龙船	liúng són	竜船
○扒龙船	pa liúng són	竜船を漕ぐ

lo

罗□	ló gīo	くどくどと文句を言う
罗罗□□	ló ló gīo gīo	くどくどと文句を言う
萝卜苗茶	ló pet miáu cǎ	干し大根の尻尾を湯の中に浸す飲み物（鎮咳剤）
锣欻	ló e	銅鑼
箩欻	ló e	竹で作ったかご
箩篙	ló gak	新年用の竹かご
螺欻	lŏ e	貝；タニシ（小さい）
挼豺	lò sái	ばら肉が食べたい
箩	lò	密度が低い

lok

| 洛托（确） | lòk tòk (kok) | 接合部分がはずれる；ぐらぐらゆれる |

洛洛托托(确确)	lók lók tók tók (kok kok)	接合部分がはずれる；ぐらぐらゆれる
乐兜	lók deu	嬉しい
落	lók	落ちる
落下	lók hā	落ちる
落车	lók ca	下車する
落雨	lók yǐ	雨が降る
落力	lók lit	精一杯やる
落霜	lók sōng	霜が降りる
落雪	lók siet	雪が降る
落手	lók sǔ	仕事をする
落水	lók sǔi	雨が降る(落雨と同じ意味)
落秧	lók yōng	種まきする
落雹	lók pok	ひょうが降る

lon

卵	lön	玉子
卵白	lǒn pāk	卵白
卵黄	lòn wòng	卵黄
乱疴	lòn ō	でたらめを言う

long

狼	lóng	凶悪
○十分狼	sǎp fun lóng	非常に凶悪
郎郎赖赖	lóng lóng lài lài	雑然としている
寔寔寠寠	lóng lóng kōng kōng	衣服などが大きすぎる
挏	lóng	棒で打つ

lu

卤哥	lū gō	錆びる
○生卤哥	sāng lū gō	錆びる
撸	lū	経験する
蕾	lū	蕨
○割蕾	gōt lū	蕨を刈る
护	lú	手で上げる；巻き上げる
护袄脚	lú fù giok	ズボンの裾を(まくり)上げる

lui

镙欶	lūi ě	銅貨
雷	lúi	粗野；乱暴
雷公	lúi gūng	雷
雷公打到死	lúi gūng dǎ dàu (dò) sǐ	雷に打たれて死んだ
擂头擂脑	lúi téu lúi nǎu	①言動が乱暴；②粗野である

luk

摝	lùk	いたずらをする
摝衰人	lùk sōi ngín	人を困らせる

lun

轮	lūn	①精米する；②口でつく
轮米厂	lūn mǐ cǒng	精米工場

lung

○耳聋当堆	ngí lūng dǎng dòi	耳が遠い様子

lut

捋	lùt	むける
捋一身皮	lùt yit sēn pī	①体の皮膚が全部むける；②大災難
捋色	lùt sėt	色が落ちる

M m

m̩

唔	m̩	否定；…ではない；…ない
唔自在	m̩ cè cài	気持ち悪い；気分がよくない
唔自然	m̩ cè yán	具合が悪い
唔得佢死	m̩ dėt ki (gí) sĭ	彼に早く死んでもらいたい
唔得人惜	m̩ dėt ngín siak	嫌われる
唔得死	m̩ dėt sĭ	…する値打ちがない
唔知得	m̩ dī dėt	知らない
唔知死	m̩ dī sĭ	こわさを知らない
唔知羞	m̩ dī sīu	恥知らず
唔知多	m̩ dī dō	知らない
唔多知	m̩ dō dī	①分からない；②注意を払わない
唔当	m̩ dòng	①…に及ばない；②…したほうがいい

唔当买一本书	m̩ dòng māi yit bǔn sū	本一冊を買った方がいい
唔对路	m̩ dùi lù	しっくりいかない；誤りである
唔记觉	m̩ gì gȯk	覚えない
唔干(伱)事	m̩ gón (ngí) sà	(あなたとは)関係がない
唔怪得	m̩ guài dėt	なるほど
唔快活	m̩ kuài fɑt	体の具合が悪い
唔开胃	m̩ kōi wì	食欲がない
唔盼得	m̩ pàn dėt	捨てがたい
唔岩	m̩ ngɑm	仲が悪い
唔闲	m̩ hán	忙しい
唔声	m̩ sāng	声をたてずに黙っている
唔声唔气	m̩ sāng m̩ hì	声をたてずに黙っている；こっそりと
唔使搭佢	m̩ sə̌ dȧp kí	彼を相手にする必要がない
唔相生	m̩ siōng sēn	仲が悪い
唔遂意	m̩ sùi yì	不満
唔曾见过大蛇屙屎	m̩ tien giàn gùo tài sǎ ō sə̌	まだ広く世間を見ていない；まだ世慣れて

		いない
○佢还唔曾去	ki (gí) hɑn m̀ tién hì	彼はまだ行かない
唔系欸个，就系个个	m̀ he ě gè, cìu hè gè gè	これでなければあれだ
唔定性	m̀ tìn sìn	幼稚；まだ物心がつかない
唔通气	m̀ tūng hì	気がきかない
唔动唔揌	m̀ tūng m̀ sǔng	全く動かない
唔奈势何	m̀ nài sèh hó	どうしようもない
唔争在	m̀ zāng cài	意に介しない；気にかけない
唔照常	m̀ zèu sóng	異常
唔至到(当)	m̀ zè dàu (dòng)	…までには至らない
唔做得	m̀ zò dėt	いけない

ma

马步(扎正)	mɑ̄ pú (zǎp zàng)	腰を少しおろして立つ姿(中国武術の基礎のひとつ)
马荠	mā cí	〈植〉クログワイ；オオクログワイ

马牯	mā gǔ	牡馬
马骝精	mā líu zīn	利口である；賢い；さとい
麻欵	má e	麻
麻衫	má sām	麻で作った衣服
麻索	má sò	麻の紐
麻衣大孝	má yī tài hau	父母のお葬式で，麻の白衣を着て最後の孝行をする
麻衣相法	má yī siòng fap	人相；手相論の一種
麻雀	má ziok	①スズメ；②マージャン
○赌麻雀	dǔ má ziok	マージャンをする
嫲欵	má e	雌
○狗嫲	gěu má	雌犬
○猪嫲	zū má	雌豚
○鸡嫲	gē má	メンドリ
蟆	má	蛙
○虾蟆	há má	蛙
骂天骂地	mà tiēn mà tì	不平不満のため天地を罵る

mag

荬欨	mȧg ě	〈植〉ノゲシ；ハチジョウナ
擘	mȧg（bàk）	①剥く；②こわす
擘番豆	mȧg fān tèu	落花生の殻を剥く
擘开柑欨皮	mȧg koi gām e pi	みかんの皮を剥く
擘唔脱	mȧg ḿ tot	剥ぐことができない
脉个	mȧg gè	何？
脉个都唔晓	mȧg gè dū ǝm hiǎu	何も知らない；分からない
脉个东西？	mȧg gè dūng sī	何物ですか
脉个身分？	mȧg gè sēn fùn	どんな身分ですか
麦粄	mag bǎn	小麦粉で作ったお菓子（餅）
麦毕欨	mag bǐt e	黄色い野鳥（小麦畑によくみられる）
麦粉	muy fǔn	小麦粉
麦饭	mag fàn	小麦で作ったご飯
麦羹(粥)	muy gāng（zuk）	小麦粉を水でといて煮た粥
麦懵	mag mung	①ぽかんとする；②分

		からない
麦豆	mag tèu	えんどう豆
挷	mag	棒で打つ

mai

买唔到来食	māi ḿ dǎu loi sət	食物を買ってくることができない
买唔成	māi ḿ sáng	買う事ができない；買えない
买田做屋	māi tiēn zò wuk	故郷で田を買い，家を建てる（金持ちになった）
卖大眼	mài tài nyǎn	見物する
卖田脚	mài tién giok	古い時代，喧嘩で足で蹴って相手を死なせると田畑を売って賠償金を払う
卖唔出手	mài ḿ cǔt sǔ	売ることはできない
卖唔去	mài ḿ hì	売れない
卖(做)小头欵	mài (zò) siǎu téu ě	軽食を売る行商人
卖猪仔	mài zū zǎi	古い時代，蘭領のオランダ政府が香港・九

龍から買った中国人を豚のように働かせた

man

满七	mān cit	1週忌の法要（客家の習俗によって，死後7日）
满姑	mān gū	父の姉妹の末子
满女	mān ň	末子（女）
满面喷臭	mān mièn pung cù	怒った時の顔色
满面乌蝇屎	mān mièn wú yín sǒ	そばかすだらけ
满头露水	mān téu lù sǔi	大変忙しい
满子	mān zǒ	末子（男）
瞒（曼）人	mǎn ngín	誰
蛮	mán	①いたずらである；②腕白である；③凶悪で横暴である
蛮绝	mán ciet	極めて凶悪
蛮牛牯	mán nyú gǔ	牛のような横暴さ
蛮相十足	mán siòng səp ziùk	凶悪な；凶暴な（顔と態度）

man 160

鰻欸	mán e	うなぎ
蟎	màn	垢

mang

猛	māng	①一生懸命にやっている；②遮断
猛欸	māng e	南洋の更紗
盲	máng	まだ
盲知	máng di	まだ分からない
盲曾去	máng tien hì	まだ行っていない
盲曾来	máng tien loi	まだ来ていない
盲学行先学走	máng hok háng siēn hok zéu	歩くことさえできないのに走ることはもちろんだめ

mat

袜袱	mȧt fù	ズボン下
袜衫欸	mȧt sām e	下着；肌着

mau

毛	māu（mō）	髪の毛
毛粗粗	māu（mō）cə cə	ボサボサの髪の毛
毛辫欸	māu（mō）biēn e	お下げ
毛夹欸	māu（mō）giap e	毛抜き
毛鸟	māu（mō）diāu	一銭の金（もない）
○一个毛鸟都无	yit gè māu（mō）diāu du mo	一銭の金もない
毛里寺	māu（mō）lī sə	モーリシャス（インド洋，西部の国，華人約2万人が居住している，大部分は梅県の客家人）
毛浓浓（欸）	māu（mō）núng núng（e）	毛がふかふかしている；毛がふわふわしている
毛蔫蔫（欸）	māu（mō）nya nya（e）	毛髪が逆立っている様子
毛蓬蓬（欸）	māu（mō）pung pung（e）	髪の毛が乱れている様子
冒	màu	全部買い占める

me

姆	mē	おばさん
姆姆	mē mē	母；お母さん(呼称)
秒	mè	汚い

men

恼	men	考える；思う
恼七恼八	měn cit měn bát	妄想する
恼三恼四	mén sām měn sì	妄想する；あれこれとくだらないことを思いめぐらす
恼神恼鬼	mén sən měn gǔi	悪知恵；悪いことを企む
恼心恼事	mén sīm měn sə̀	空想をする

met

觅	mėt	①修理する；②(料理を)作る
觅坏	mėt fùi	駄目にする

觅鬼	mèt gǔi	陰で悪いことをする
觅食	mèt sət	料理を作る
觅衰人	mèt sōi ngín	人をからかう
灭	mèt	こわす

mi

每摆	mī bǎi	每回
(每)长时	(mī) cóng sə́	常に
尾钉钉	mī dāng dang	①威嚇して猫が尾を逆立てる；②嬉しい
尾下	mī hā	後；あと
尾头	mī téu	後
挼	mī	拭く
挼挼摸摸	mī mī mō mō	あれこれちょっと触れる
挼桌布	mī zòk bù	台布巾
味酵粄	mì gàu bǎn	蒸しケーキ；お菓子
味道	mì tàu	①におい；②興味
米汁水	mī zɔp sǔi	とぎ汁

mia

摸	miā	触れる
摸门	mia mún	ドアを探す

miang

命注定当当溯	miàng zù tìn dóng dóng dìn	宿命的である
命水	miàng sǔi	運命
命水好	miàng sǔi hǎu	好運
○好命	hau miàng	好運

miau

猫公	miàu gung	雄猫

mien

绵	mién	肉・野菜などがよく煮えている様子；(果物が)熟している

绵□□欸	mién nyó nyó e	どろどろになる
面	mièn	①麺類；②顔
○洗面	sě mièn	洗顔をする
面粄	mièn bǎn	小麦粉で作ったお菓子
面青鼻□	mièn ciang bì hǎi	怖がった時の顔色
面臭（喷）臭	mièn cù（pung）cù	不平不満な顔
面红□□	mièn fúng dì dà	顔が赤くなった
面寡寡欸	mièn gǔa gǔa e	無表情な顔
面䀚	mièn hòng	顔に…
面敖（鳌）面（鼻）否	mièn ngáu mièn（pì）fěu	不満な顔
面皮	mièn pí	厚かましい
面皮盼	mièn pí pūn	恥知らず
○老面皮	lǎu mièn pí	恥知らず
面皮打摺	mièn pí dǎ zǎp	老人の顔（しわの多い顔）
面帕	mièn pà	手ぬぐい
面衫	mièn sām	上着
面相	mièn siòng	容貌
面黄黄	mièn wóng wóng	不健康そうな顔色
面乌跌黑	mièn wū diet het	大変苦労した後の顔色

min

眠	mín	寝る；横になる
眠床枋板	mín cóng biong bǎn	ベッドの板
眠床刀	mín cóng dāu	旧式ベッドの縁
眠椅	mín yǐ	長椅子

miong

芒	mióng	山中の草；ススキ
芒秆	mióng gǒn	藁

mo

摸	mō	動作が遅い
摸更（夜）	mō gāng (yà)	徹夜する
摸目欸	mō mug e	盲人；めくら；目の不自由な人
摸（捉）人欸	mō (zǒk) ngín e	隠れん坊（かくれんぼ）
无拗	mó aù	①争えない；②反駁できない

无变	mó bièn	変更する術がない
无差	mó cā	間違いない
无阵	mó cèn	同伴者がいない
无喘检倒气来抽	mó cǒn giǎm dǎu hì lói cū	自分から求めて苦しい目にあう（自業自得）
无胆	mó dám	卑怯
无搭碓	mó dáp dòi	無意味な；面白くない
无搭无碓	mó dáp mó dòi	無意味な；面白くない
无滴用	mó dit yùng	ちっとも役立たない
无话讲	mó fà gong	沈黙
无法	mó fop	しかたがない
无妇人唔成家	mó fù ngín ḿ sên gā	主婦が居なければ本当の家とは言えない
无份	mó fùn	取り分なし
无揵煞	mó gàt sàt	しかたがない；どうしようもない
无揵无煞	mó gàt mó sàt	しかたがない；どうしようもない
无搞	mó gǎu	駄目
无记性	mó gì sìn	記憶力が弱い
无吉久	mó git gǐu	長くはない
无吉远	mó git yǎn	遠くはない
无救	mó gìu	絶望である

无嫩	mó giùng	子供が産めない
无鞋着	mó hái zok	貧乏で靴を持たない；裸足
无核卵	mó hàk lǒn	勇気のない人
无闲	mó hán	忙しい
无好望	mó hǎu mong	希望がない
无(倕)屩用	mó (ngā) ǐn yùng	役に立たない
无路事	mó lù sə̀	方法がない
无脉个先理	mó mág gè siēn li	取引が閑散となる
无脉个太过	mó mág gè tài gùo	大したものではない
无脉个相干	mó mág gè siōng gōn	①大丈夫；②構わない
无面无目	mó mièn mó muk	①メンツが潰される；②恥をかく
无面无皮	mó mièn mó pí	①メンツが潰される；②恥をかく
无望	mó mòng	絶望
无日无夜	mó ngít mó yà	毎日毎晩仕事ばかり
无谱	mó pú	道理にあっていない
无声无气	mó sāng mó hì	静かに；声を出さない
无心肝	mó sīm gōn	関心を持たない
无相干	mó siōng gōn	関係ない
无相无干	mó siōng mó gōn	関係ない

无上无下	mó song mó ha	礼儀正しくない
无脑屎	mó nǎu sə	頭が悪い
无太过	mó tài gùo	平凡；大したものではない
无头路	mó téu lù	職なし；失業
无头无尾	mó téu mó mī	無責任
无定	mó tìn	まだ決まっていない
无定着	mó tìn cōk	まだ決まっていない
无天理	mó tiēn lī	道義がない
无动无扰(挱)	mó tūng mó sǔng	動かない
无缘	mó yán	縁がない
无影	mó yǎng	つくり話；嘘
无影无迹	mó yǎng mó ziak	つくり話；嘘
无医	mó yi	病気が治らない
无衣着	mó yi zȯk	衣服がない
无用	mó yùng	役に立たない
无整	mó zǎng	絶望
无	mó	ない
○好无？	hǎu mó	よろしいですか
○有无？	yū mó	あるか

moi

梅菜	mói còi	梅県で作られる白菜の漬物
梅江	mói gōng	梅県に流れる川の名称
梅里罂	mói lī āng	こめかみ；太陽穴
媒人婆	mói ngín pó	仲人
妹欸	mòi e	娘
妹家	mòi gā	（既婚の女性の）実家

mok

莫怪	mòk guài	すみません
莫唰佢	mòk sòt ki (gi)	相手にするな

mong

望	mòng	期待する

mu

舞	mǔ	いたずらする

舞七舞八	mǔ cit mǔ bat	むちゃくちゃやる
舞饭食	mǔ fàn sət	ご飯を持ってきて食べる
舞别人个电脑	mǔ piēt ngín ge tièn nǎu	他人のコンピューターにいたずらをする
舞鬼舞怪	mǔ gǔi mǔ guài	こそこそと悪巧みをする
舞鬼事	mǔ gǔi sə̀h	こそこそと悪巧みをする
舞来舞去	mǔ lói mǔ hì	繰り返しやる
舞三舞四	mǔ sām mǔ sì	あれこれといろいろなことに手を出している
舞衰人	mǔ sōi ngín	人にいたずらをする
○觅衰人	met sōi ngín	人にいたずらをする
暮固	mù gù	無口である
暮固狗	mù gù géu	無口な人
暮暮固固	mù mù gù gù	非常に無口である

muk

木角	mùk gȯk	木魚
木米(耳)	mùk mǐ (ngǐ)	きくらげ

muk

目疠	mùk cói	目のまわりのでき物
○发目疠	bǒt mùk cói	目のまわりにでき物ができる
目眉毛	mùk mi māu（mō）	まゆ毛
目暱暱	mùk nyɑp nyɑp	目くばせする
目暱鼻琢	mùk nyɑp pì dok	目くばせする
目屎	mùk sə̌	目やに
目屎搭嗬	mùk sə̌ dɑp dè	下品；うるさい
目西西欤	mùk sī sī e	目を少し開いて見る
目睡雕	mùk sòi diāu	寝坊
目汁	mùk zə̄p	涙
目汁当鼎	mùk zə̄p dóng din	しきりに涙を流している
目汁毛	mùk zə̄p māu（mō）	まつげ
目珠	mùk zū	目
○眼珠	nyǎn zū	目
目珠仁	mùk zū yín	瞳

mun

蚊叼	mūn diāu	蚊にさされる
焖	mūn	弱火で煮込む
焖猪肉	mūn zu nyuk	とろ火で豚肉を柔らか

		くなるまで煮る
门穿	mún cōn	門のかんぬき
门碫	mún dòn	門の前の石段
门风头	mún fūng téu	門に当たる風
门角背	mún gȯk bòi	ドアの隅
门碗敠	mún wǒn e	門（ドア）の下の土台の石または木

mung

蒙	múng	薄い紙を置いて上から字を写して練習する；模写する
蒙字	múng sə̀	薄い紙を置いて上から字を写して練習する；模写する
蒙沙	múng sā	霧
蒙雾	múng wù	霧
曚曚	múng múng	暁
○天曚曚	tiēn múng múng	暁；夜明け
懵	mǔng	もうろくする
懵懵懂懂	mǔng mǔng dǔng dǔng	愚かである

mut

瓾	mŭt	①腐爛；②廃物
瓾鬼	mŭt gŭi	駄目な奴
瓾头瓾脚	mŭt téu mŭt giok	駄目なもの；駄目な奴
没	mŭt	①浸水する；②棒で下の方向へ打つ
没绵	mŭt mién	①非常に柔らかい；②果物が完熟した；③煮込んで柔らかくなる

N n

n

伩	ń	あなた
伩伩五五	ń ń ň ň	うめく：うなる
五句板	ň gì bǎn	七言排律（客家山歌の一種）
五月节	ň nyat ziėt	端午の節句

na

拿（拏）得出收得入	nā dėt cǔt sū dėt nyūp	出すことができるし、貰うこともできる
拿（拏）得起放得落	nā dėt hì biòng dėt lok	上げることができるし、おろすこともできる
那（牙）吒（査）鱗精	nā (ngá) zā (za) līn zīn	体が丈夫

nai

泥伯公欸	nái bak gūng e	土人形；泥人形
泥煲欸	nái bo e	土で作った炊飯器
泥古	nái gǔ	動きのにぶい人（悪口）
泥卵	nái lǒn	小さい土の塊
泥水師傅	nái sǔi sə̄ fù	左官
泥坨坨	nái tó tó	愚かである
泥团	nái tón	大きい土の塊
奈兜	nài děu	どれ
奈欸	nài e	どこ
奈久	nài giu	いつ
奈下	nài hà	いつ
奈向	nài hiòng	どちら（方向）
奈项	nài hòng	どの任務
奈佢唔何	nài ki ḿ hó	彼に逆らうことができない
奈片	nài piěn	どの辺
奈只	nài zak	どれ
耐沤	nài eù	長く保存できる
耐唔过	nài ḿ guò	我慢できない
耐命	nài miàng	生命力が強い

nam

男欸人	nám ě ngín	男
男怕入差行(主)	nám pà nyup cā háng (zǔ)	自分に合わない職場に入ることを心配する
○女怕嫁差郎	ň pà gà cā lóng	自分に合わない男を選んだことを心配する
揽	năm	抱く

nan

难顶	nán dǐn	耐えられない；苦い
难捱	nán ngài	厄介だ；扱いにくい
难欸	nàn e	小さなできもの

nang

□	nànq	踏む
□人个脚	nànq ngín gè giȯk	他人の足を踏む

nat

烁(捺)	nát	①やけど；②諷刺する
○分火烁(捺)欸	būn fǒ nát e	やけどをする
○唔好烁(捺)人	ḿ hǎu nát ngín	皮肉を言うな

nau

恼	nāu	恨む；憎む
○做脉个恁恼𠊎？	zò mag gè ǎn nāu ngái	どうして私をそんなに恨むのか
脑屎唔足(好)	nǎu sǎ ḿ ziuk (hǎu)	頭がよくない
闹	nàu	①うるさく求める；②おしゃれである
闹食	nàu sət	食物を求める
○着恁闹	zǒk ǎn nàu	大変きれいな衣服を着る
闹(吵)交欸	nàu (cáu) gāu e	喧嘩をする
闹热	nàu nyat	にぎやか
闹脾气	nàu pí hì	衣装などに凝る

ne

蚁公	nè (nī) gūng	蟻(大)
蚁里	nè le	蟻(小)

nem

淰	ném	柔らかい
○煮淰哩	zú ném le	煮て柔らかくなる
淰波波	ném bó bó	ぐたぐたしている；どろどろしている
跈	nèm	動きが鈍い；のろのろしている
跈鬼	nèm gui	動きが鈍い人
跈唆唆	nèm sō sō	のろのろしている

nen

乳(奶)	nèn	乳
乳(奶)姑	nèn gū	おっぱい

net

捏	nėt	摘む
篛头	nėt	イバラの小さな茂み；荊棘(けいきょく)
篛头蓬	nėt teu pung	イバラの茂み

neu

淖	néu	どろどろしている
淖咕咕	néu gú gú	どろどろした状態；かなりどろどろしている
钮欸	něu ě	ボタン

nin

拧拧囊囊	nín nín nóng nóng	だらだらとやる

nit

□□□□	nit nit nak nak	体が痒くて痛い

| □□□□ | nit nit nuk nuk | ふわふわ；落ち着かない様子 |

no

捼	nó	磨く
捼刀欸	nó dāu e	刀を磨く
捼墨	nó mēt	墨を擦る
糯米粄	nò mǐ bǎn	もち米を蒸したお菓子

non

暖	nōn	温める
暖饭	nōn fàn	ご飯を温める
暖胃	nōn wì	胃の消化を助ける

nong

囊	nóng	①引き延ばす；②遅らせる
囊蚁里(欸)	nóng ne li (e)	トンボ
浪	nòng	①浪費する；②無駄にする

nui

内鬼	nùi gǔi	裏切り者

nuk

蠕蠕欸动	núk núk e tung	ゆっくり動いている
朒	nuk	①驚く；震える；②察知する
朒朒缩缩	nuk nuk siuk siuk	怖くて進まない状態

nun

擜	nǔn	杭を打ち込む（ねじを回す）
嫩	nùn	若い
嫩习习	nùn sip sip	若い有り様
嫩水	nùn sǔi	なまぬるい水
嫩笋	nùn sún	①新鮮で柔らかい；②若い

nung

脓头	núng téu	元凶
脓脓欸走	núng núng e zeu	勝手に行く
脓脓脓脓	núng núng nùng nùng	くどくど言う

nga

伢(偃)个	ngā gè	私の
牙床肉	ngá cóng nyùk	歯ぐき；歯槽
牙射射	ngá sà sà	出っ歯
牙黄剑天	ngá wóng zièn tiēn	歯垢が口から飛び出す
牙牙邪邪	ngá ngá siá siá	遊んでいる

ngai

偃	ngái	私
偃等(登)人	ngái dēn ngín	われら；私たち
偃兜人	ngái dēu ngín	われら；私たち
偃个	ngai gè, nga gè	私の
捱夜	ngái yà	徹夜をする

| 挨 | ngài | 我慢する |
| 挨唔久欸 | ngài ṁ gíu e | 病気のため長く生きることができない |

ngam

啱	ngām	①適合する；②意気投合する
啱啱	ngām ngām	ちょうど
啱点	ngām diǎm	適合
啱啱禅禅（涉涉）	ngám ngám sám sám（sáp sáp）	くどくど言う：ぶつぶつ言う
啱啱谗谗	ngám ngám cám cám	くどくど言う：ぶつぶつ言う
岩	ngám	洞窟；山の崖
揩	ngām	ぶつかる
额胆	ngǎm dǎm	唐突
额锁头	ngǎm ngǎm téu	うなずく
额头	ngám téu	おでこ（額が出ている）

ngan

| 奀 | ngān | 背丈が低くやせている |

研	ngān	精米する

ngang

硬硬	ngàng ngàng	まったく；本当に
硬秉秉	ngàng bǐn bǐn	非常に正直である
硬程	ngàng cáng	丈夫な(体)
硬打硬	ngàng dǎ ngàng	強引に
硬硞硞	ngàng guak guak	硬い
硬工夫	ngàng gūng fu	力一杯；努力する
硬气	ngàng hì	気骨
硬捡	ngàng kìm	強く押す
硬翘翘	ngàng kiàu kiàu	ほんとうにまあ；まったくもう
硬硬	ngàng ngàng	まるで
硬爱	ngàng òi	強要する
硬生	ngàng sang	調理していないため硬い

ngap

讴	ngap	①勝手に言う，軽々しく口にする；②自由

		に移動する
谑东谑西	ngap dūng ngap sī	でたらめを言う；あれやこれやとりとめのないことを言う

ngat

啮(齧)	ngȧt	①噛む；②けち
啮	ngȧt	くさいにおい
○臭烟啮	cùh yān ngȧt	タバコのにおい
○十分啮	səp fūn ngȧt	けちけちする
啮察	ngȧt cȧt	けち
啮察嫲	ngȧt cȧt má	けちな女性
啮鬼	ngȧt gǔi	けちんぼう
啮啮俭俭	ngȧt ngȧt kiàm kiàm	節約；節儉；儉約
咬	ngȧt	刺す
○分蚊欸咬哩	būn mūn e ngȧt le	蚊に刺された
咬咸菜干	ngȧt hám còi gōn	非常に貧乏である
咬(啮)牙省齿	ngȧt ngá sēn cǎ	重くて苦しい樣子

ngau

鳌	ngǎu	(顔が)ゆがんでいる
○ 嘴鳌撇哩	zòi ngǎu pět le	口がゆがんでいる
敖	ngàu	…に向かって
○ 面敖转去	mièn ngàu zǒn hì	そっぽを向く

ngi

伱	ngí	あなた
耳公	ngǐ gūng	耳
耳公尾	ngǐ gūng mī	耳たぶ
耳聋当堆	ngǐ lūng dǎng dòi	耳が遠い様子
耳扒欸	ngǐ pá ě	耳かき
耳盘欸	ngǐ pán ě	耳飾り
耳屎	ngǐ sə̌	耳くそ

ngin

人情好, 食水甜	ngín cín hǎu, sət sǔi tiám	いい友情なので，何もないとき水だけ出しても甘く感じる

ngin 188

人脚	ngín giȯk	労働者
人公欸	ngín gūng e	人形
人闲心唔闲	ngín hán sūm ḿ ban	仕事は忙しくないが心は不安定
人嫌鬼恼	ngín hiám gǔi nāu	人だけでなく幽霊にも嫌われる
人名无白水	ngín miǎng mo pak sui	人名の読み方が間違ったら訂正すればいい
人心难测水难量	ngín sīm nán cėt sǔi nán lióng	心は河か海の水の深さと同じように人の気持ちも推し量るのは難しい
人话蛇悉（绪）唆（索）蛇	ngín wà sǎ sī sō sǎ	言われたらすぐ信用する

ngit

日晨头	ngit sə́n téu	白昼
日头	ngit téu	太陽
日影	ngit yǎng	太陽の光が当たってできる影

ngo

哦哦哦哦	ngō ngō ngǒ ngǒ	うだうだ；くどくど

ngoi

呆	ngói	呆然とする
外背	ngòi bòi	外
外江佬	ngòi gōng láu（ló）	よそ者；客家地域以外の人々
外江人	ngòi gōng ngín	よそ者；客家地域以外の人々
外水	ngòi sui	給料以外の収入
碍碍事事	ngòi ngòi sə̀ sə̀	非常に邪魔になる
碍事	ngòi sə̀	①邪魔である；②不便である

ngok

恶	ngók	悪い；頭が悪い；愚かな

ngong

戇	ngòng	ばか；愚かである
戇撞	ngòng còng	ばか；低能
戇洇洇	ngòng dìn dìn	頭が悪い有様
戇担担	ngòng dām dām	頭が悪い有様
戇戇当当	ngòng ngòng dōng dōng	頭が悪い有様
戇鬼	ngòng gǔi	阿呆；ばか（悪口）
戇古	ngòng gǔ	ばかな男（悪口）
戇嫲	ngòng má	ばかな女性（悪口）

nya

惹个	nyā gè	あなたの
惹姆	nyā mē	あなたの母親
惹眼	nyā nyǎn	引っぱられる
迓	nyá	（物を）上げる
惹	nyà	毛髪が逆立つ
惹光	nyà guōng	①目立って活躍する；②出しゃばる
惹惹滚	nyà nyà gǔn	がやがや騒ぐ

nyak

額角	nyák gók	額；おでこ
逆	nyak	不仲
逆眼	nyak nyán	見て不愉快である

nyam

拈	nyām	拾う；買う
拈食	nyām sə̀t	食事の前，準備した料理に手をつける悪い習慣
拈药	nyām yok	薬を選択して買う
粘	nyám	あとについて行く
粘人食饭	nyám ngín sə̀t fan	毎日他人の家でご飯を食べる
粘粘浃浃	nyám nyám giap giap	べたべたしている
粘吋	nyám sə̌	すぐ
酽茶	nyám cá	濃いお茶
念	nyàm	心配する

nyan

年粄	nyán bān	お正月のもち菓子
年初一唔烧火	nyán cē yit ḿ sāu fŏ	元旦にはご飯を作らない
年初二	nyán cē ngì	2日目
年初三	nyán cē sām	3日目
年下头	nyán hā téu	お正月前の数日間
年料	nyán liau	年越し用の食品
年尾	nyán mī	年末；年の暮
年怕中秋月怕半	nyán pà zūng ciu nyat pà bàn	時間の流れが早いのを嘆く
年三十晡夜(暗晡)	nyán sām səp bū yà (àm bū)	大晦日
年三十日	nyán sām səp ngit	年越し；月の最終日；12月30日
年三夜四	nyán sām yà sì	お正月前の数日間(年の瀬の忙しさ)
眼饱肚唔饱	nyăn bău dŭ ḿ bău	目だけは満足させたがおなかはすいている
眼铲铲	nyăn căn căn	白目を剝く(重態)
眼钉钉	nyăn dāng dāng	目を丸くする様子；じ

		ろりと見る様子；にらみつける
眼欥	nyǎn ě	穴
眼价(架)高	nyǎn gà gāu	要求・目標が高い；傲慢である
眼角角	nyǎn gok gok	疲れで目の色がよくない
眼郭郭	nyǎn guok guok	疲れで目の色がよくない
眼鼓鼓	nyǎn gǔ gǔ	目を大きく開く(不満の時)
眼顾顾	nyǎn gù gù	目を大きくあける；目を見張る
眼顾顾看人无礼貌	nyǎn gù gù kòn ngín mo lī màu	目を見張って他人を見ているのは失礼；じっと見る
眼拐揳天	nyǎn guāi lùk tīen	互いに秋波を送る；互いに色目を使う
眼牛牛	nyǎn nyú nyú	怒った目つき
眼横横	nyǎn wáng wáng	にらみつける(喧嘩)
眼野野	nyǎn yā yā	疲れ目
眼针针	nyǎn zēm zēm	集中して見る
眼珠	nyǎn zū	目

眼珠生呀屎朒圿	nyǎn zū sāng ngā sə̌ fùt lák	前方が見えない；無知
眼珠仁	nyǎn zū yín	瞳
撵	nyǎn	押す
撵牙膏	nyǎn ngá gāu	ねり歯磨きを押し出す
撵电视机个电源	nyǎn tièn sə̀ gī gè tièn nyán	テレビの電源を押す
雁过留声,人去留名	nyàn guo líu sang, ngín hì líu miáng	雁が飛んで声が残る（人間は死んで名前を残す）
愿	nyàn	癖になって止められない

nyang

迎系	nyǎng hè	①ほんとうに；②もしも
迎人家做	nyàng ngín gā zò	（責任を）人になすりつける

nyap

摄	nyáp	①抜ける；②耐える,

		我慢する；③蓄える；④捲く
○球欸摄撒哩	kíu ě nyáp pět le	ボールの空気は抜けた
摄尿	nyáp nyàu	小便を我慢する
摄钱	nyáp cién	お金を少しずつ蓄える
摄袜脚	nyáp fù giȯk	ズボンのすそを捲くりあげる
睞	nyap	まばたきをする
睞目珠	nyap muk zu	（目を）まばたきをする

nyat

月鸽欸	nyat gáp ě	鳩
月桂花	nyat gùi fa	月桂樹
月光	nyat guong	月
月光糕（中秋饼）	nyat guong gau（zung ciu biang）	月餅
热痱（痱）欸	nyat bì ě	あせも

nyau

尿钵	nyàu bat	小便器
尿馦（很）	nyàu hiam（hen）	小便のにおい

尿帕	nyàu pà	おしめ；おむつ
尿杓	nyàu sok	尿を汲むための杓
尿桶	nyàu tǔng	農村で使われる小便用の木の桶
尿积	nyàu zit	尿がつまる
○发尿积	bǒt nyàu zit	尿閉になる
饶饶韧韧	nyáu nyáu nyùn nyùn	柔らかい(食物・話)

nyo

搦	nyō	もむ；なでる；こねる
搦皱哩	nyō zìu le	もんでしわになった

nyok

蒻	nyȯk	チクチクする(毛などと接触すると痒くなったり不快感を感じること)
蒻毛虫	nyȯk mō (māu) cūng	毛虫

nyon

软脚蟹	nyōn giok hǎi	弱いさま
软黎黎	nyōn lái lái	ぐにゃりと柔らかい物や体
软入入	nyōn nyup nyup	柔らかい（新鮮な餅・絹豆腐など）
软□□	nyōn wé wé	だるそうで力のないさま

nyong

娘酒	nyóng zǔ	娘酒：客家のもち米で作った酒（甘くて芳しい）
样(仰)般	nyòng bān（bēn）	どうですか
样般样	nyòng bān（ben）yòng	どうですか
样般都好	nyòng bēn dū hǎu	どうでもいい
样戛煞	nyòng gȧt sȧt	どうしたらいい
样哩	nyòng le	どうですか
酿豆腐	nyòng tèu fù	豆腐に挽肉などを詰め

		て蒸す客家の豆腐料理
酿豆干	nyòng tèu gōn	豆腐に挽肉などを詰めて蒸す客家の豆腐料理

nyu

牛	nyú	不満な目つき
牛牛扭扭	nyú nyú nyù nyù	①頑固；②他人の言葉を聞かない
牛百叶	nyú bȧk yap	牛の胃袋
牛红	nyú fúng	牛の血
牛角椒	nyú gȯk ziāu	サガリトウガラシ；ピーマン；唐辛子
牛牯	nyú gǔ	雄牛
牛肱纲	nyú hián gōng	牛の胃袋
牛嫲	nyú ma	雌牛
牛腩	nyú nām	サーロイン（牛の腰肉の上部）
牛事盲了, 马事来	nyú sȩ mang liau, mā sè loi	困難が重なる
牛臊	nyú sō	牛肉のにおい

牛涂王	nyú tū wōng	サーロイン
扭	nyú	ひねる；ねじる

nyun

银纸	nyún zə̌	紙幣

nyung

浓	nyūng	濃密である

nyup

入	nyup	入る
入去	nyup hì	入って行く
入来	nyup lói	入ってくる

O o

o

堈	o	倒れる
堈下来	o hā lói	倒れる；崩れる
堈罗涉（煤）碎	ō ō sap sùi	落ちて粉々になる
屙巴	ō bá	（劣等）駄目である
屙肚欤	ō dǔ e	下痢
屙黎	ō lái	下手
屙痢肚	ō lì dǔ	①下痢する；②無責任である
屙痢屙肚	ō lì o dǔ	無責任である；でたらめ
屙痢泄肚	ō li sià dǔ	①下痢をする；②無責任
屙尿	ō nyàu	小便をする
屙冇屁	ō pàng pì	信頼できない
屙屎	ō sǎ	大便をする
屙屎唔闲秉	ō sǎ ḿ hán bǐn	大変忙しい
屙屎拈刀嫲	ō sǎ nyām dō (dāu)	自分の落とし物を拾っ

	ma	た
啊伢欸	ō ngá e	赤ちゃん；赤ん坊

oi

娘堆	ōi dói	ああ（苦しい時に発する言葉）；呻吟する；苦しみうめく；うなる声
娘欸	ōi é	母
爱	òi	するつもりである；欲しい
爱转唐山	òi zǒn tóng sān	国へ帰るつもりである
爱财唔爱命	òi cói ḿ òi miàng	お金のために死ぬなら命はいらない
爱唔（爱）	òi ḿ (òi)	欲しいか

ok

恶	òk	凶悪である
恶到死	òk dàu si	非常に凶悪
恶人无千日	òk ngín mo cien ngít	指名手配の悪人の殆どは長く逃亡しても，

最後には捕えられる

on

安	ōn	①設置する；②打ち付ける，取り付ける，据え付ける
安神位	ōn sén wì	位牌を安置する
安钉欬	ōn dāng e	釘を打ち付ける
安篮耳	ōn lám ngǐ	かごに取っ手を付ける
安名	ōn miáng	名前を付ける

ong

盎	òng	ケロケロ
盎蛙(蜗)	òng guái	ケロケロと鳴いている蛙
盎声	òng sāng	ケロケロという声

P p

pa

扒饭	pā fàn	お箸でご飯を口に入れる
扒耳屎	pá ngí sǎ	耳あかをとる
扒钱	pá cién	お金を儲ける
爬上跌落	pá sōng diét lòk	上ったり下りたりすること：大変な苦労
怕丑	pà cǔ	恥ずかしがる

pai

刨(刡)	pāi	①削る；②剝く
刨芒果	pāi móng gǔo	マンゴーを剝く
刨铅笔	pāi yán pǐt	えんぴつを削る
排场	pái cóng	豪華である
○恁排场	an pái cóng	大変豪華である
○十分排场	səp fūn pái cóng	非常に豪華である
败胃	pài wì	胃に悪い

pak

白粲(净)	pāk càn (ciàng)	清潔；白い皮膚
白味	pāk mì	醤油
白那那	pāk na na	白いがきれいではない
白鼻哥	pāk pì gō	好色な人；すけべえ
白食	pāk sət	ただで食べる
白水字	pāk sǔi sə̀	意味を無視して発音を元に書かれた漢字

pan

拌	pān	力強く物を投げる
盘钱	pán cién	旅費

pang

嘭	pāng	吹く
嘭火	pāng fǒ	火を吹き出す
嘭气球	pāng hì kíu	風船をふくらます
棚	pāng	屋根裏部屋；天井
棚顶上	pāng dǎng hòng	天井に；屋根に

冇	pàng	①がっちりとしない；②軽率な
冇鬼	pàng gǔi	軽率な人間
冇谷	pàng guk	空の穂
冇米	pang mǐ	空の米
冇呀	pàng ngā	ないものではない
冇豆	pàng tèu	空の落花生

pat

拔	pát	扇ぐ
拔火	pát fǒ	火を扇ぐ
拔扇欸	pát sàn e	扇子を扇ぐ
泼	pát	乱暴である

pau

泡泡滚	pāu pāu gǔn	お湯が沸く
刨	páu	削る
刨冬瓜	páu dūng gūa	冬瓜の皮を剥く
暴	pàu	荒っぽい

pet

撇	pe̍t	終わる

pi

被	pī	掛け布団
被骨	pī gut	布団の綿
皮寒	pí hón	風邪気味のためちょっと寒気がする
皮爬极杰	pí bá kit kiat	子供がいじくり回す
肥	pí	①太る；②肥沃である
肥古(欬)	pí gǔ (ě)	太っている人；でぶ
肥古肆	pí gu sə̇	でぶ
屁卵	pì lǒn	おなら
○打屁安狗心	dǎ pì ōn gěu sīm	①人を落ち着かせる；②慰める
鼻	pì	鼻
鼻公	pì gūng	鼻
鼻扭(氃)扭(氃)	pì nyù nyù	傲慢な態度
鼻休休	pì hìu hìu	傲慢な態度
鼻屎	pì sə̇	鼻くそ

○人前唔好挖鼻屎	ngín cién m̀ hǎu yat pì sə̌	人の前で鼻くそをほじくってはいけない
鼻水	pì sǔi	鼻水
鼻水濫川	pì sǔi lám cōn	鼻水が川の水のように流れる(ひどい風邪のため)

piak

劈	piak	刀で人を切る；たたき切る

piang

平	piáng	①安い；②同じ
平平	piáng piáng	同じ；同様
平平大	piáng piàng tài	同じ大きさ

piau

标缎	piāu zə̀	きれいである
浮	piáu	浮かぶ
漂	piáu	水疱；まめ

pien

片	pién	場所
○ 欸片	ě pién	このへん
便	pièn	準備をする(動詞の後に付ける)
○ 做便哩	zò pièn le	できた；準備した
便背	pièn bòi	後

po

婆白	pó pȧk	高祖母；曾祖父の母
婆太	pó tài	曾祖母
破学	pò hok	初登校する；小学一年生になる
破相	pò siòng	顔の傷あと

poi

吠	pòi	犬の鳴き声
○ 狗吠	gěu pòi	犬が吠える

(○ 起漂　　hí piàu　　水疱ができた)

pok

雹	pok	雹
○落雹	lok pok	雹が降る

pon

翻	pōn	吐く
○尽翻	cìn pōn	ずっと吐く
翻血	pōn siat	血を吐く；吐血

pong

搒	pōng	力強く叩く
搒门	pōng mun	門を叩く
搒呀去	pōng nga hì	叩いて行く
膀欹	póng e	皮膚の軟らかいでき物
傍势	pòng sə̀	勢力を頼みにする

pu

潽出来	pū cǔt lói	溢れる

扶得佢	pū děn ki	彼を支える
符	pú	お守り札
殕	pǔ	腐った臭い
○臭殕	cù pǔ	腐った臭い
烳锣	pǔ lŏ	炊飯器
谱	pǔ	基準
○无谱	mo pǔ	基準がない
哺	pù	偵察する
铺(步)	pù	約500メートル
○一铺(步)路	yit pù lù	約500メートル
孵卵	pù lón	卵をかえす

puk

覆	pu̇k	なくす
覆敝	pu̇k pet	なくした
伏等睡目	puk den sòi muk	伏せて寝る
○分蚊□欤癀欤	būn mun diɑu e puk e	蚊にさされてできたはれ物

pun

朌	pūn	厚い

溢	pūn	溢れる
溢出来	pun cut loi	溢れる
歕	pún	吹く
歕奈去	pún nɑi hi	吹く
喷香	pùn siōng	いい香り
喷睡	pùn soi	いびき

S s

sa

蛇哥	sá gō	蛇
射饭	sà fàn	(俗語)暴食する；ご飯を沢山食べる

sai

豺	sái	肉を食べたがる
豺虫	sái cúng	回虫
徙	sǎi	①移動する；②引っ越しする
晒鬼	sài gǔi	チンピラ；ごろつき；ならずもの；無頼漢；与太郎
晒棚	sài páng	物干し台

sak

析	sák	場所；部分
○欬析	e sák	この辺；この部分
石敢当	sák gǎm dong	厄除けの大石
○泰山石敢当	tài sān sák gǎm dong	厄除けの大石
石头	sák téu	愚かもの（比喩）
石石滚	sák sák gǔn	体のある部分が突然痛く感じる

sam

三层腈猪肉	sām cén ziāng zū nyuk	（豚の）ばら肉
衫袄	sām fù	シャツとズボン
三及第	sām kip tì	豚精肉・肝・小腸の煮込み；客家料理
蝉欬	sám ě	蝉
蟾蜍猡	sám cú ló	ヒキガエル
闪	sǎm	避ける；よける；身をかわす

闪走	sam zéu	避ける

san

山	sān	辺鄙だ
○恁山	ǎn sān	非常に辺鄙だ
山高皇帝远	sān gāu (gō) fóng tì yǎn	政府の政令が届かない場所
山隔坜	sān gȧk lȧk	辺鄙な山地
山歌	sān gō	民歌；客家山歌
○百样鸟子百样声	bak yòng tiāu zȝ̌ bak yòng sāng	いろいろな種類の鳥はいろいろな種類の声を持つ
○画眉叫的最好听	fà mí giàu gè zùi hǎu tāng	画眉鳥(ほおじろ)の鳴き声が最も素晴らしい
○画眉叫个小调子好比阿妹唱歌声	fà mí giàu gè siáu tiàu zȝ̌ hau bi a mòi còng gō sang	ほおじろの鳴き声はあなたの歌声に似ている
山歌节	sān gō ziět	山歌の音調；曲節
山古佬	sān gǔ láu (ló)	田舎者(男性)
山嬷(欼)	sān má (ě)	田舎者(女性)
山窝	sān wō	小さな谷

山精	sān zin	田舎者
山猪	sān zu	猪
散场	sàn cóng	会場で解散する
散手	sǎn sǔ	武術の一種類

sang

生鸡公	sāng gē gūng	まだ去勢されない雄鶏
生脚	sāng giok	素人；新米
生成	sāng sáng	定められている
声失	sāng sət	声がでない
成	sáng	成功する
省使	sǎng sə̌	必要としない

sap

闪	sáp	隠れる
闪目珠	sáp mủk zu	目を閉じる
煠卵	sɑp lón	卵を茹でる
煠烂	sap làn	めちゃくちゃに破壊される

sat

蚀	sat	損をする
蚀本	sat bun	資本を損失する
舌嫲	sat ma	舌

sau

烧	sāu	熱い
○发烧	fat sau	熱が出る
烧水	sāu sui	お湯

se

舐支	sē zə̄	女性性器を舐める（下劣な男を言う）
洗身	sĕ sə̄n	体を洗う
事	sè	仕事
○无事做	mo sè zò	仕事がない
细	sè	小さい
细遽	sè giȧk	小さくて活発である
细鬼	sè gui	子供

细妹欸(哩)	sè mòi e (le)	女の子
细人欸	sè ngín e	子供
细心臼	sè sīm kiū	トンヤンシー(童養媳)、将来息子の嫁にするために子供の時から引き取られた女の子
细雨	sè yǐ	小雨
婿郎	sè long	婿

sen

省城	sěn sáng	①広州；②省都
揎鼻	sèn pì	鼻をかむ

sep

涩	sėp	流暢でない
涩老	sėp láu	欲の深い人

set

色感	sėt gám	性交中突然風邪を引く；失神する

色水	sét suĭ	顔
虱嫲	sét má	のみ
塞欸	sét e	栓

seu

搜出钱来	sēu cut cién loi	金を出す
瘦鬼	sèu guĭ	非常にやせている人
瘦臞臞	sèu kìa kìa	非常にやせる様子

sə

私家车	sə̄ gā cā	自家用車
私下	sə̄ hà	私自身
○ 偓私下	ngái sə̄ hà	私自身
时兴	sə́ hīn	流行
使狗	sə̆ gĕu	悪人の手先
使婢欸	sə̆ pī e	女中
驶	sə̆	運転する
屎(团)	sə̆ tón	糞のようにばか；廃物
屎朏	sə̆ fud (wud)	尻
○ 打屎朏	dă sə̆ fud	①尻をたたく；②責任を追及する

屎窑	sǎ gàu	農村の便所
屎缸	sǎ gōng	農村の便所
屎乌蝇	sǎ wū yīn	キンバエ
字辈	sà bì	下の名前の1字が兄弟間に共通している
字号	sà hàu	店の名称
字墨	sà met	学問あるいは知識
○无字墨	mo sà met	知識が足りない
字头	sà téu	許可書
莳田	sà tién	田植えをする
豉油	sà yú	醤油

sən

身欨	sǎn ě	体
身家	sān gā	家財
○了身家	liau sān gā	家財を使い果たした；消耗し尽くした
○有身上	yu sān hòng	妊娠中

səp

| 湿热 | sǎp nyat | 胃腸障害 |

○屙湿热	ō səp nyat	下痢する

sət

识	sət	わかる；知る
识得	sət det	知っている；わかる
食	sət	①食べる；②飲む；③吸う
食茶	sət că	お茶を飲む
食净饭	sət ciang fan	ご飯だけ食べる
食饭	sət fàn	ご飯を食べる
食老米	sət lāu mī	失業
食禄	sət lùk	食生活の豊かさ；舌の功徳
食禄痣	sət lùk zè	唇の周りにあるあざ・ほくろ（ごちそうの運に恵まれている印）
食乳(奶)	sət nèn	母乳を飲む
食席	sət sit	宴会に出席する
食水	sət sui	水を飲む
食夜	sət yà	夕食をとる
食烟	sət yān	タバコを吸う

食斋	sət zɑi	素食をとる
食朝	sət zɑu	朝食をとる
食酒	sət zǐu	①宴会に出席する；②宴会ではお酒が用意してある
食昼	sət zù	昼食をとる

si

须菇	sī	ひげ
撕	sī	破る
○纸撕撇哩	zə si pet le	紙を破った
死	sǐ	大変な；非常に
死好	sǐ hàu	大好き
死气	sǐ hì	活気がない；生気がない
死猪狗	sǐ zū gěu	死んだ豚と犬のよう（悪口）
死发瘟	sǐ bót zùng	死んだ豚と犬のよう（悪口）
死黎黎	sǐ lái lái	精も根も尽き果てる
死屍曲	sǐ lǐn kiūt	硬い；敏捷ではない（悪口）

死佬	sǐ lŏ (lău)	死人；死体；ばか；死んだ動物のよう（悪口）
死睡	sǐ sòi	熟睡する
死死	sǐ sǐ	強く
四六	sì lùk	無責任である；でたらめを言う
四六货	sì lùk fò	無責任者
絮絮唆唆	sì sì sò sò	鼠の足音

sia

写打讲样样来得	siǎ dǎ gǒng yòng yòng lói det	書くこと・話すこと・武術をすることがすべてできる
泻	sià	割れる
○碗公泻撇哩	wǒn gūng sià pet le	碗が割れた

siak

惜	siȧk	子供をかわいがる

siang

醒睡	siǎng sòi	目覚めが早い；敏感である

siap

揳	siȧp	入れる

siau

消	siāu	死ぬ
消撇欸	siāu pėt le	死んだ
消夜	siāu yà	夜食をとる
小	siǎu	妾(めかけ)
○讨小	tǒ (tǎu) siǎu	妾を囲う
小婆	siǎu pó	妾

sien

鲜	sien	薄い
鲜粥	sien zuk	重湯

siet

拽	siet	打つ
○拳头拽呀去	kián téu siet dɑ hì	こぶしで打つ

sim

心肠	sim cóng	心地；気立て
心肠好	sīm cóng hǎu	気立ての良い
心臼	sīm kiū	息子の嫁

sin

新打屎缸三日样	sīn dǎ sǎ gōng sām ngit yong	新しいものはいつまでもそのままの状態でいることができない

siong

相打	siōng dǎ	殴り合いをする
相干	siōng gōn	重要な関係
○无相干	mó siōng gōn	①大したものではな

		い；構わない；重要ではない；②関係ない
相好	siōng hǎu	恋をする

sip

习凉	sip lióng	大変涼しい

siu

擞	sīu	ひっぱたく
○藤条擞呀去	tēn tiau sīu a hì	籐(ラタン)のむちでひっぱたく

siuk

宿(熟)	siuk	熟した
○果子当宿	gúo zǎ dōng siuk	果物が完熟する

so

臊	sō (sau)	におい

○臭牛臊	cù nyu sō	牛または牛肉のにおい
所費	só fì	費用；旅費
锁头	sǒ téu	鍵

soi

衰	sōi	運が悪い
衰甲甲	sōi gap gap	運が悪い様子
衰鬼	sōi gǔi	運が悪い人
衰死哩（欸）	sōi sǐ le（e）	運が非常に悪い
衰魈	sōi siáu	貧乏くさい
衰消消	sōi siau siau	貧乏くさい
衰相	sōi siòng	運が悪い様子
睡当昼	sòi dōng zù	昼寝する
睡落觉	sòi lok gàu	ぐっすり寝ている
睡唔落觉	sòi m̩ lok gau	ぐっすり寝ていない
睡目	sòi mùk	寝る

sok

索欸	sók ě	紐
索嫲	sók má	紐
勺欸	sok ě	杓子

son

酸醋	sōn cə̀	酢
船欸	són e	船
船家佬	són gā lo（lɑu）	古い時代の木船の主
蒜欸	sòn e	にんにくの葉
蒜仁	sòn yín	にんにく

song

上紧	sōng gǐn	急いでやる
上寿	sōng sù	還暦になる
上堂	sōng tóng	授業に出る
上香	sǒng hiōng	線香をあげる
爽	sǒng	①派手；②ぜいたく；③気前がよい；けちくさくない
爽利	sǒng lì	さっぱりしている
上摆	sòng bái	前回
上背	sòng bòi	上の方
上昼	sòng zù	午前
上昼头	sòng zù téu	午前中

sot

说	sȯt	称賛する
唰	sot	相手にする
○唔唰佢	m̩ sot gí (ki)	彼を相手にしない
刷斗	sot děu	倒産
刷撇哩	sot pět le	倒産した；店じまい

su

收闪	sū sɑp	処罰する
输赢	sū yāng	なにがなんでも；どうしても
薯粉	sú fǔn	ジャガイモで作った粉
手鈪	sǔ ɑ̇k	腕輪；ブレスレット
手巾欸	sǔ gīn e	ハンカチ
手长衫袖短	sǔ cóng sām sìu dǒn	したいのは山ほどあるが力が足りない
手梗	sǔ guāng	腕（肩から手首までの部分）
手脖	sǔ zāng	ひじ
手指公	sǔ zə̆ gūng	親指

手指尾	sǔ zǎ mī	小指
受倒风	sù dǎu fung	風邪をひく
树番薯	sù fān sǔ	タピオカ
树豆欻	sù tèu e	ソラマメ

sui

水货铺	sǔi fò pū	水産物の店
水感	sǔi gám	冷たい水につかったので風邪をひく：失神する
水角	sǔi gók	取っ手がついている茶碗
水鬼	sǔi gǔi	水泳が上手な人
水鞋	sǔi hái	雨靴
水客	sǔi hɑk	昔南洋へ進出した中国の行商人
水咸菜	sǔi hɑ́m còi	白菜の漬け物
水渲当鼎	sǔi sien dōng dìn	上から水がしたたり落ちる

sun

孙嫂	sūn sǎu	孫の嫁
孙婿	sūn sè	孫娘の夫
孙猴欻	sūn héu e	孫悟空
驯	sún	言うことを聞く
损身欻	sǔn sēn ě	流産
笋欻	sún e	竹の子
顺带	sùn dài	ついでに
顺当	sùn dòng	順調に運ぶ
顺境	sùn gìn	順調である
顺适	sùn sət	心にかなう
顺顺境境	sùn sùn gìn gìn	非常に順調である

sung

双拈目	sūng nyam muk	二重まぶた
松繁	sūng fán	ゆとりがある
松容	sūng yúng	ゆとりがある

T t

tai

刣	tái	切る
疢	tǎi	癩病(ハンセン病)
○发疢	bót tǎi	癩病にかかっている
疢哥	tǎi gō	癩病患者
疢哥食个	tǎi gō sət gè	癩病患者の食物(塩などが入っていない)
大把	tài bǎ	数多く
大前日	tài cién ngit	3日前
大番薯	tài fān sú	大ばかもの
大房(长房)	tài fóng (zǒng fóng)	長男の家族
大吉利市	tài git lì sə̀	厄除の言葉, 日本のような「福は内」を意味する
大股	tài gǔ	大きな休
大蜦食细蜦	tài guǎi sət sè guǎi	弱肉強食
大后日	tài hēu ngit	しあさって
大气□天	tài hì pāng tiēn	①不平不満の時, しき

		りにため息をつく；②大声で嘆く
大汗披身	tài hòn pī sōn	びっしょりと汗をかく
大褛	tài lāu	オーバー（コート）
大牙板	tài ngá bǎn	臼歯
大傲	tài ngàu	傲慢
大炮鬼	tài pàu gǔi	放言家；大口をたたく人
大婆	tài pó	正妻（一夫多妻で一番目の妻）
大埔	tài pū	大埔（県名），客家が居住している
大水	tài sǔi	洪水
○发大水	bot tài sui	洪水が発生する
大屋家人	tài wǔk gā ngín	大家族
大作用神	tài zǒk yùng sən	骨が折れる；苦労する

tak

绑	tȧk	結ぶ；しばる
绑拉西	tȧk lá sī	ネクタイをしめる

tam

淡	tām	さっぱりした態度
痰火	tám fŏ	肺結核
痰火鬼	tám fŏ gŭi	肺病患者

tan

叹叹(欸)嶟(憎)	tàn tàn (é) zūn	震えている

tang

厅欸	tāng ĕ	広間；ホール
厅下	tāng hā	客家の上堂・中堂・下堂3つのホールの総称
听倒	tīng tŏ (tău)	聞こえる；耳にする

tat

坨人	tȧt ngín	人を騙す

tau

讨食	tɑu sət	乞食をする

ten

蹬(腾)	tén	後について行く
蹬背	tén bòi	後について行く
揗手	tèn su	手伝う

teu

偷撮	tēu cȯt	盗んだり騙したりする
偷嬲	tēu liàu	①怠ける；②さぼる
头摆	téu bǎi	前回
头名	téu miáng	1等
头那	téu ná	頭
头那壳	téu ná hok	頭
头那毛	téu ná māu (mō)	髪
头先	téu siēn	さっき
头尖尾口三皱毛	téu ziām mī lǒt sām zìu māu (mō)	悪人の姿

投	téu	訴える；告訴する
投人	téu ngín	人に訴える
透	těu	休む
透气	těu hi	①呼吸する；②休む
透大气	těu tài hì	嘆く
豆角	tèu gok	豇豆(ササゲ) こうとう
豆干	tèu gon	豆腐；薄くて硬い油揚げ

ti

地	tì	墓
地泥	tì nái	地面
剃面	tì mièn	顔を剃る
剃头	tì téu	理髪する
剃头师傅	tì téu sə̄ fù	理髪師
剃须古	tì sī gū	髭を剃る

tiam

添	tiām	増加する
添饭	tiām fàn	ご飯のお代わりをする
○食碗饭添	sət wǒn fan tiām	もう一碗ご飯を食べな

甜粄	tiám bǎn	さい もち菓子

tiap

帖	tiáp	漢方薬の1回分
○一帖药	yit tiáp yòk	1回分の薬
贴钱	tiáp cién	①お金の不足部分を出す；②儲かると思ったが，損する結果になる

tiau

挑	tiāu	指摘する；ふれる
挑唆	tiāu sō	おだててそそのかす
掉撇哩	tiau pet le	なくした

tien

天晴防落雨	tiēn ciáng fóng lok yu	困難の時が来る前に，平時から貯金をしておく

天狗食日	tiēn gěu sət ngit	日蝕
天狗食月	tiēn gěu sət nyat	月蝕
天弓	tiēn giūng	虹
天光	tiēn guong	夜明け
天光日	tiēn guong ngit	明日
天理良心	tiēn lī lióng sīm	道徳と良心
天色	tiēn sėt	天気
天时	tiēn sə́	気候
田鸡	tién gē	蛙
田丘	tién kīu	田畑
田唇	tién sún	田畑のあぜ
电火	tièn fo	電気
电坭	tièn nǎi	電池
垫钱	tièn cièn	損をする；元手をなくす

tiet

忒	tiėt	…しすぎる
忒大	tiėt tài	大きすぎる
忒长	tiėt cóng	長すぎる
忒过	tiėt gùo	行き過ぎる
铁锤欸	tiėt cíu ě	_{かなづち}金鎚

| 铁钉欸 | tiết dāng ě | 釘 |
| 铁线欸 | tiết sièn ě | 針金；鉄線 |

tin

汀汀动动	tīn tīn tūng tūng	あちらこちらを動く
订动	tīn tūng	活発に活動する
定着	tìn còk	必ず；決定的；きっと
定定欸	tìn tìn é	平穏に

to

| 拖格 | tō gȧk | 引き出し |

toi

| 推 | tōi | 拒絶する |
| 梯 | tōi | はしご |

tok

| 择 | tok | 選ぶ |

ton

断暗	tōn àm	空が暗くなる

tong

汤	tōng	水で洗う
汤净	tōng ciàng	水で綺麗に洗う
汤载(嘴)(喙)	tōng zòi	うがいをする
唐人	tóng ngín	華僑
唐山	tóng sān	中国(華僑の中国に対する呼称)
○转唐山	zǒn tóng sān	中国へ帰る；帰国する
唐装	tóng zōng	旧時代に中国の男性が着ていた服装(襟なし, ポケット4つ, 布で作られたボタンがある)；女性の旗袍は今でも流行

tot

脱格	tót gak	物品の欠陥；機械部品の脱落
脱神	tót sấn	①失神する；②くたびれる（比喩）

tu

土坝坝	tǔ bà bà	いなかっぺ

tui

退财	tui cói	損をする
退财折灾	tui cói zát zāi	散財をしたことにより，災難を避けることができる

tun

吞	tūn	呑む；飲む
吞口烂水	tūn héu lān sǔi	唾液を呑む

囤	tún	土で埋める

tung

捅呀去	túng a hì	竿で落とす

W w

wa

蛙蚜欸	wá guǎi e	蛙
哇蚜欸	wá guǎi ě	世間知らずの若者
哇哇妹（峇峇妹）	wá wá moi	東南アジアで生まれた中国人の女の子，または中国人と現地の女性の間で生まれた女の子
哇哇屎（峇峇屎）	wá wá sə̃	東南アジアで生まれた中国人の男の子，または中国人と現地の女性の間で生まれた男の子
哇	wá	叫ぶ
哇哇跳（滚）	wá wá tiàu (gǔn)	叫んでいる様子
话	wà	言う；話す
话佢知	wà gí (kí) di	彼に言う
话也话唔听	wà ya wa m̩ tāng	話しても聞かない

wai

歪	wāi	けち
歪心事	wāi sim sə	悪い心掛け

wan

鯇欸	wān ě	草魚
鯇丸	wān yán	草魚で作ったつみれ
完福	wán fŭk	神に感謝するために廟や寺に金を寄進する
还(完)	wán	①返す；②払う

wang

横打直过	wáng dǎ cət guo	フリーパス；自由に往来する
横划	wáng wák	良い計画
横桌	wáng zók	長官の机
○座横桌	cō wáng zok	長官になる

wi

围屋	wí wuk	客家の伝統的な家屋のひとつ
位欸	wì e	席
畏	wì	怖い

wo

禾	wó	稲
○割禾	gŏt wó	稲刈り
禾鶝欸	wó bit ě	雀
禾仓	wó cōng	米の倉庫
喎	wŏ	…させる
喎佢去	wŏ gí hì	彼を行かせる

woi

煨煨勿勿	wōi wōi wut wut	①きつくて伸ばすことができない；②苦労した
会死	wòi sǐ	①死ぬほど；②大変

○ 痛得会死	tùng det wòi sǐ	死ぬほど痛い
○ 撑去会死	càng hi wòi sǐ	大食いして死にそうだ
○ 挤呀会死	ziam a wòi sǐ	窮屈で息がつまる

wok

攉	wòk	ビンタをする；手で相手の顔を叩く
镬	wok	鍋
镬铲	wok cǎm	フライ返し；鉄べら
镬欸	wok ě	鍋
镬盖	wok gòi	鍋のふた
镬头	wok téu	鍋

won

碗欸	wǒn ē	碗
碗公	wǒn gūng	碗

wong

往摆	wōng bǎi	①以前；②前回
往年	wōng nyán	何年前

往日	wōng ngit	以前
往之时	wōng zə̄ sə́	以前
黄	wóng	熟した
黄蟟	wóng cat	ごきぶり
黄鳝	wóng san	タウナギ

wu

乌	wū	黒い
乌妒妒	wū dù dù	非常に黒い
乌阴天	wū yīm tien	曇
乌蝇	wū yín	蝿
乌蝇屎	wū yín sə̄	そばかす
芋欸	wù ě	芋

wuk

屋欸	wuk ě	家
屋家	wuk kua	家に
屋舍	wuk sà	住宅

wut

郁	wùt	怒り；不満を言う
郁气	wut hì	怒り；不満を言う

Y y

ya

爷嬢	yá ōi	父母
掗	yǎ	指でつまむ
掗掗上	yǎ yǎ sōng	欲しいものを取りたい様子
夜	yà	夕食
○食夜	sət yà	夕食を食べる
夜哺头	yà bū téu	夜

yak

搚	yɑk	動かす；振る
搚手	yɑk sǔ	手を振る

yam

淹	yām	①おぼれる；②溢れる；食器からこぼれる

阉鸡	yām gē	去勢された鶏
腌生	yām sang	塩漬けされた魚・肉
檐蛇	yám sá	やもり

yan

烟欸	yān e	タバコ
烟愿	yān nyàn	タバコを吸う習慣
烟屎	yān sə	タバコの灰
烟筒	yān túng	タバコを吸う道具；キセル
烟仔	yan zai	タバコ；葉巻
冤枉	yān wōng	①かわいそう；②冤罪（ぬれぎぬ）
圆粄欸	yán bǎn e	丸いお菓子；団子の一種
圆粄屎	yán bǎn sə	丸い大便；糞
怨	yàn	不満
怨人	yàn ngín	人に対する不満

yang

赢	yang	勝つ

映(影)像	yǎng siong	写真を撮る

yat

挖	yȧt	えぐる
挖鼻屎	yȧt pì sǎ	鼻をほじくる
挖耳屎	yȧt ngi sǎ	耳をほじくる

yau

腰骨	yāu gȧt	椎骨
○拗断腰骨	au tōn yāu gȧt	苦しめられる

ye

□哥伯	yè gō bȧk	行動が遅い人；ゆっくり・のろのろと行動する人

yeu

泑	yēu	泥のような
泑屎	yēu sǎ	泥のような糞

yi

衣车	yī cā	ミシン
雨涿	yǐ dùk	雨に濡れる
异	yì	非常に
异倩	yì ziāng	非常に美しい

yim

阴阴个	yim yim ge	密かに

yin

晕	yīn	頭痛
○头那晕	těu na yīn	頭痛
仁	yín	果物の種
印欸	yìn ě	ハンコ；印
岌冈	yìn gōng	小山；丘

yit

一朝天子一朝臣	yit cau tien zə yit	指導者が交替したら，

	cau cən	部下も退任する
一下	yit hà	①すぐ；ちょっとの間；②一緒に
一生苦碌命安排	yit sēn kǔ luk miàng on pài	一生の苦しさは宿命的である
一生人	yit sēn ngín	一生
一条竹篙打倒一船人	yit tiáu zuk gau (gō) dǎ daǔ (dǒ) yit són ngín	一人の過ちによって多くの人に迷惑をかける
一样饭出百样人	yit yòng fàn giùng bak yòng ngín	兄弟姉妹でも性格はそれぞれ違う
翼甲	yit gap	つばさ

yok

| 浴堂 | yok tóng | 浴室 |

yong

| 扬叶欸 | yǒng yap ě | 蝶 |
| 攘 | yong | 賑わう |

yu

有兜人	yū dēu ngín	何人かの人
有兜书	yu dēu su	何冊かの本
有事问公公, 无事面朝东	yu sə̀ mùn gūng gūng, wu sə̀ mièn cɑu dūng	何かがあったらおじいさんにアドバイスを求めるが, 何もなければ逢ってもそっぽを向く
有身上	yū sēn hòng	妊娠中
有心	yū sīm	厚意に感謝する
○十分有心	səp fun yū sīm	御厚情ありがとうございます

yung

壅	yuṅg	被せる
壅等头	yūng děn tĕu	頭を覆う

Z z

za

遮	zā	かける；被せる
遮欱	zā ě	傘
诈	zà	偽る
诈病	zà piàng	仮病を使う
诈神诈象	zà sǎn zà siong	芝居をする；もったいぶって見せる

zai

斋菜	zāi còi	精進料理
斋嬷	zāi má	尼(さん)
斋庵	zāi ām	尼寺
宰相肚欱好筏船	zǎi siòng dǔ ě hǎu pá són	寛容な態度；太っ腹

zak

灸	zák	あぶる

zam

斩	zǎm	斬る；殺す

zan

毡欸	zān e	毛布
嫽	zán	非常に良い

zang

正月半	zāng nyat bàn	正月後の14日と15日；元宵節
争	zāng	足りない
争一滴	zāng yit đit	ちょっと足りない
整	zǎng	①修理；②救う
○有整	yu zǎng	①修理可能；②救える
○无整	mó zǎng	①修理のできない；②

		救えない
正哩	zàng lé	出来上がった
正(板)	zàng (bǎn)	正しい
○写得唔正	sía det m̩ zang	正しく書かない；字が正しくない

zap

札	záp	勤勉である
札脚	záp giók	やっていける
折	záp	折りたたむ
○打折	dǎ záp	しわくちゃ

zat

折博	zat bok	悪いことをしたら報いを受ける

zau

朝晨	zāu sə́n	朝
朝晨头	zāu sə́n téu	朝
燥	zāu	乾いた

早先	záu sien	以前
找	zǎu	両替をする
找钱	zǎu cien	両替をする

ze

瘠	zē	痩せていて小柄である

zem

砧	zēm	手の関節で叩く
砧骨凿	zēm gǔt cok	手の関節で叩く

zep

□	zėp	指でつまむ
□滴盐	zėp dit yɑm	塩をちょっとつまむ

zet

则	zėt	推測
侧角	zėt gȯk	そば；かたわら

zeu

走江湖	zěu gong fu	各地へ回って雑技・薬売・芸能などの仕事をする
走路	zěu lù	逃げる
走水	zěu sǔi	昔中国の行商人として南洋に進出すること

zə

支	zə	女性生殖器
支(肢)屄	zə biet	女性生殖器
支(肢)排	zə pái	女性生殖器
子	zǎ	幼稚；幼い
子嫂	zǎ sɑu (so)	嫁と姑
仔细	zǎ sè	周到に；細心である
○凭仔细	ɑn zǎ sè	心遣いありがとうございます
纸炮欸	zǎ pàu e	爆竹
纸鹞欸	zə yàu e	凧

zəm

针菜	zēm còi	ゆりの花を干したもの，料理の材料として使われる
枕头袋	zēm téu tòi	枕カバー

zən

真	zēn	真剣に
○看真滴	kòn zēn dit	ちょっと真剣に見なさい

zəp

执性	zə́p sìn	頑固

zi

凄老	zī lǎu（lo）	けち
凄老鬼	zī lǎu（lo）gǔi	けちんぼ
哜哜噍噍	zí zí ziáu ziáu	がやがやと騒ぐ声がす

		る
姊丈	zí cōng	義兄(姉の夫)

zia

借过	zìa gùo	ちょっと失礼，道をあけて下さい

ziam

尖	ziām	詰める；混雑している

ziang

倩	ziāng	綺麗(である)
腈肉	ziāng nyu̇k	精肉
井水唔犯河水	ziǎng sǔi m̩ fàm hó sǔi	互いに干渉しない

ziau

蕉欵	ziāu e	バナナ
蕉岭县	ziāu liang yàn	蕉嶺県(県名), 客家が

居住している

zien

煎豆干	ziēn tèu gon	油揚げ
剪布	zién bù	布を買う
箭	zièn	跳ねる

zim

亲载	zīm zòi	接吻をする
浸死	zìm si	溺死する
○墨砚壶里浸死人	met yan fu li zim si ngín	文人の暮らし向きがよくない

zin

精	zīn	すばしこい；敏捷である；上手である
○假精冇天	ga zin pang tien	もったいぶって見せる
精刁枭恶	zin diāu siau ok	狡くて陰険である

ziok

雀怪	ziòk guài	人をいじめる

ziong

将就	ziōng cìu	無理に強いる
将将就就	ziōng ziōng cui cui	無理に強いる

zip

□一下	zip yit hɑ	味見する

zit

即系	zit hè	すなわち
即灵	zit lin	警戒心が強い
即时	zit sə	即時；すぐ
责	zit	手で押さえる
○用手指责一下	yùng sū zɚ zit yit hɑ	指でちょっと突く

ziu

酒罂欤	zǐu ɑng e	酒のビン
皱毛	zìu māu	巻毛
○头尖眉□三皱毛	téu ziām mī lǒt sām zìu mō	顔は細く眉は太い，毛は縮れるという男，変な男という意味

ziuk

足象	ziǔk siòng	態度がよくない

zo

做得	zò det	結構である
做家	zò gā	勤勉である
做记印	zò qì ngın	印を付ける
做娇	zò giāu	あまえんぼう
做鬼叫	zò gǔi guài	怖い声を出す
做好事	zò hǎu sə̌	冠婚を行う
做戏	zò hì	演劇をする
做邻舍	zò lín sà	隣りになる

做脉吖	zò mág (mȧk) gè	①何をする；②どうして
做媒人	zò mói ngín	仲人になる
做木匠	zò mȕk siòng	大工になる
做泥水	zò nái sŭi	左官(屋)になる
做月	zò nyɑt	産後1ヶ月間養生をすること
做细	zò sè	仕事をする
做神做鬼(像)	zò sə zò gŭi (siòng)	芝居をする
做小	zò siáu	妾になる
做小头	zò siáu téu	①行商人；②担ぎ屋
做和尚	zò wó sòng	①和尚になる；②死後7日目の法要(客家の葬儀の方法)
做屋	zò wȕk	家を建てる
做夜	zò yà	夕食を作る
做一堆	zò yit dōi	同衾；ともね
做斋	zò zāi	法要
做斋嬷	zò zāi má	尼さんになる
做庄	zò zong	ばくちの親になる

zoi

脧欤	zōi ě	男性生殖器
脧牯	zōi gǔ	男性生殖器
脧子	zōi zē	男性生殖器
载饭	zòi fàn	ご飯を盛る
喙(嘴)	zòi	口
喙(嘴)角	zòi gȯk	口元；口の周辺

zok

作渴	zȯk hot	喉が渇いた
捉象棋	zȯk siȯng kí	中国将棋を指す
着衫	zȯk sām	衣服を着る

zon

转	zǒn	帰る
转角	zǒn gȯk	角を曲がる
转妹家	zǒn mòi ga	里帰りをする
转唐山	zǒn tong san	華僑が帰国する
转屋家	zǒn wȗk gā (kuā)	家に帰る

转侧	zǒn zét	体を動かす

zong

装饭	zōng fàn	ご飯を盛る
掌门	zǒng mun	門番をする
掌牛	zǒng nyú	牛を見張る
掌屋	zǒng wuk	留守番をする

zu

猪欸	zū ě	豚
猪红	zū fúng	豚の血
猪哥	zū gō	雄豚
猪哥喙	zū gō zòi	豚の口のよう
猪利	zū lì	豚の舌
猪嬷	zū má	雌豚
猪头肥	zū téu pī	首の両側のはれもの
○发猪头肥	bǒt zū téu pī	首の両側にはれものができる
昼边	zù biēn	正午近く
昼晨头	zù sən téu	正午；昼

zuk

粥	zuk	粥
○绿豆粥	liuk tèu zuk	緑豆の粥
嘴欬	zǔi ě	栓

zun

愽	zun	震える
○亶亶欬愽	tàn tàn ě zun	震える

zung

中呀去	zùng a hì	ぶつける
中呀去	zùng a hì	打つ
中意	zùng yì	好き

著者紹介

温 戴奎 [おん・たいけい]

 1922年生まれ。東京都立大学大学院卒業。元大東文化大学(国際関係学部)教授。客家語の専門家。

目録進呈　落丁本・乱丁本はお取替えいたします。

平成 21 年 7 月 30 日　　Ⓒ 第 1 版発行

客家語基礎語彙集

編　者　温　　戴　　奎

発行者　佐　藤　政　人

発　行　所

株式会社　**大学書林**

東京都文京区小石川 4 丁目 7 番 4 号
振替口座　00120-8-43740
電話 (03) 3812-6281〜3 番
郵便番号 112-0002

ISBN978-4-475-01158-7　　ロガータ・横山印刷・牧製本

大学書林
語学参考書

著者	書名	判型	頁数
温 戴奎 編	客家語会話練習帳	新書判	144頁
金丸邦三 著	中国語四週間	B6判	408頁
中嶋幹起 編	中国語基礎1500語	新書判	192頁
牛島徳次 編 陳 東海 編	中国語常用6000語	B小型	304頁
沢山晴三郎 編	中国語分類単語集	B6判	296頁
白銀志栄 編	中国語会話練習帳(新稿版)	新書判	168頁
沢山晴三郎 編	実用中国語会話	新書判	304頁
鐘ヶ江信光 著	英語対照中国語会話	B6判	168頁
輿水 優 著	やさしい中国語の作文	B6判	312頁
土屋申一 著	中国語文法入門	B6判	248頁
山本賢二 編著	しりとりで覚える中国成語1000	新書判	156頁
鐘ヶ江信光 編	中国語小辞典	ポケット判	520頁
鐘ヶ江信光 編	中国語辞典	コンサイス判	1168頁
金丸邦三 監修 呉 悦 著	基礎からの上海語	A5判	336頁
中嶋幹起 編	広東語四週間	B6判	344頁
金丸邦三 編	広東語会話練習帳	新書判	120頁
中嶋幹起 編	広東語基礎1500語	新書判	128頁
中嶋幹起 編	広東語常用6000語	B小型	368頁
中嶋幹起 編	広東語分類語彙	B6判	296頁
中嶋幹起 編	実用広東語会話	B6判	328頁
中嶋幹起 著	現代廣東語辞典	A5判	832頁

－目録進呈－